A CHAVE PARA UMA VIDA SEM LIMITES

FERRAMENTAS PRÁTICAS DE AUTOCONHECIMENTO PARA DESFAZER CRENÇAS LIMITANTES, LIBERTAR SEU POTENCIAL E VIVER UMA VIDA PLENA

CARO(A) LEITOR(A),

Queremos saber sua opinião sobre nossos livros.

Após a leitura, siga-nos no **linkedin.com/company/editora-gente**,

no TikTok **@editoragente** e no Instagram **@editoragente**,

e visite-nos no site **www.editoragente.com.br**.

Cadastre-se e contribua com sugestões, críticas ou elogios.

ROSANA DECLEVA

PREFÁCIO DE **ROBERTO SHINYASHIKI**

A CHAVE PARA UMA VIDA SEM LIMITES

FERRAMENTAS PRÁTICAS DE AUTOCONHECIMENTO PARA DESFAZER CRENÇAS LIMITANTES, LIBERTAR SEU POTENCIAL E VIVER UMA VIDA PLENA

GENTE AUTORIDADE

Diretora
Rosely Boschini

Gerente Editorial Sênior
Rosângela de Araujo Pinheiro Barbosa

Editora
Rafaella Carrilho

Assistentes Editoriais
Camila Gabarrão
Mariá Moritz Tomazoni

Produção Gráfica
Leandro Kulaif

Preparação
Debora Capella

Capa
Humberto Nunes

Projeto Gráfico
Márcia Matos

Adaptação e Diagramação
Renata Zucchini

Revisão
Débora Spanamberg Wink
Bianca Maria Moreira

Impressão
Assahi

Copyright © 2025 by Rosana Decleva
Todos os direitos desta edição
são reservados à Editora Gente.
R. Dep. Lacerda Franco, 300 - Pinheiros
São Paulo, SP - CEP 05418-000
Telefone: (11) 3670-2500
Site: www.editoragente.com.br
E-mail: gente@editoragente.com.br

Dados Internacionais de Catalogação na Publicação (CIP)
Angélica Ilacqua CRB-8/7057

Decleva, Rosana
   A chave para uma vida sem limites : ferramentas práticas de autoconhecimento
para desfazer crenças limitantes, libertar seu potencial e viver uma vida plena /
Rosana Decleva. - São Paulo : Autoridade, 2025.
   176 p.

Bibliografia
ISBN 978-65-6107-044-7

1. Desenvolvimento pessoal I. Título

25-0477

CDD 158.1

Índices para catálogo sistemático:
1. Desenvolvimento pessoal

NOTA DA PUBLISHER

Se há uma jornada que todo ser humano inevitavelmente percorre, é a busca por compreender a si mesmo. Em *A chave para uma vida sem limites*, Rosana Decleva, psicóloga, treinadora comportamental e palestrante, nos conduz por uma travessia poderosa e reveladora: o autoconhecimento como caminho para a transformação pessoal.

Com uma história rica e inspiradora, Rosana compartilha aqui todo o conhecimento adquirido em uma trajetória marcada por superações e aprendizados profundos – e uma experiência internacional em mais de cinquenta países! Neste livro, Rosana nos ensina a identificar padrões de comportamento herdados, explorar as raízes das nossas crenças limitantes e, finalmente, desatar os nós que nos impedem de viver plenamente. Com reflexões profundas, técnicas práticas e dinâmicas transformadoras, ela oferece um mapa claro para que possamos alcançar a liberdade emocional e viver com autenticidade.

Este livro é um convite a mergulhar em si mesmo, com coragem e determinação, para descobrir o potencial ilimitado que habita dentro de você. Rosana Decleva oferece as chaves, mas a porta será aberta por você.

Seja bem-vindo a essa jornada de transformação e descubra como desbloquear sua mente para alcançar tudo o que deseja.

Boa leitura e boas descobertas!

ROSELY BOSCHINI
CEO e Publisher da Editora Gente

*Aos meus pais, que me deram a vida
e oportunidades incríveis.*

*À minha querida Rosângela, cuja presença e apoio
iluminaram meu caminho.*

*Ao meu marido, companheiro de vida, por estar ao meu lado
nos momentos de crescimento e transformação.*

*À Vanessa, psicóloga e amiga, pelo apoio e pelas trocas
enriquecedoras que fortaleceram a minha trajetória.*

*Ao meu tio, que me inspira a cada escolha que faz
e nunca desiste de buscar uma vida saudável.*

*E a cada paciente, aluno e pessoa que cruzou o meu caminho —
vocês foram mestres disfarçados, trazendo aprendizados
que moldaram não apenas este livro, mas também a profissional
e ser humano que me tornei.*

*Ao Roberto Shinyashiki, cuja trajetória e ensinamentos
foram faróis de inspiração para mim.*

*E, acima de tudo, aos meus filhos, que são a minha
maior motivação, a minha razão de ser e a prova viva
de que o amor transforma e dá sentido à vida.*

*Com gratidão infinita, dedico estas páginas a todos que buscam a
coragem de se libertar e viver na sua essência mais autêntica.*

SUMÁRIO

Prefácio_____11

Introdução: Vencendo a mim mesma_____14

Capítulo 1: De onde vêm todos os nossos comportamentos_____26

Capítulo 2: Convivendo com o pior inimigo_____40

Capítulo 3: Os porquês_____54

Capítulo 4: Compaixão e autocompaixão_____78

Capítulo 5: Consciência e perfil comportamental_____92

Capítulo 6: O que trouxe você até aqui_____120

Capítulo 7: Como mudar tudo isso_____134

Capítulo 8: Eu renovado_____150

Capítulo 9: Criando músculos_____166

Capítulo 10: Celebre cada respiração!_____172

SUMÁRIO

PREFÁCIO

Vivemos em um mundo repleto de distrações, onde a pressão para atender expectativas externas nos faz perder o contato com quem realmente somos. A cada dia, mais pessoas sentem-se aprisionadas em ciclos de ansiedade, medo e frustração, sem perceber que carregam dentro de si a chave para a liberdade emocional. *A chave para uma vida sem limites* é uma resposta a essa necessidade urgente de reconexão interna e autodescoberta. Esta obra convida o leitor a romper com padrões limitantes e a acessar um novo nível de consciência, onde é possível viver de forma mais plena, autêntica e realizada.

Rosana Decleva é muito mais do que uma psicóloga e treinadora comportamental; ela é alguém que vive o que ensina, uma exploradora da mente humana, com uma bagagem de experiências adquirida ao longo de anos de estudo e vivência internacional. Morando em Chengdu, na China, e tendo viajado por mais de cinquenta países, Rosana acumulou um repertório vasto de aprendizados, integrando diferentes culturas, filosofias e práticas terapêuticas. A capacidade dela de compreender os desafios emocionais das pessoas atravessa barreiras geográficas e culturais. Ela vivenciou na própria pele os desafios da transformação pessoal e, com isso, desenvolveu ferramentas eficazes para ajudar outras pessoas a encontrarem o próprio caminho. Aqui, ela fala com o conhecimento acadêmico e com o coração, pois já viveu as próprias transformações. Por isso, seu trabalho é muito importante – ele é fundamentado em vivência, empatia e resultados reais.

Este livro é uma oportunidade de autodescoberta e evolução pessoal. Nestas páginas, a autora oferece insights valiosos, histórias inspiradoras e ferramentas práticas que permitem uma transformação concreta e duradoura. Desafiando o leitor a refletir sobre as próprias crenças, a compreender melhor as emoções e a assumir o protagonismo da própria vida,

Rosana auxilia na identificação de padrões inconscientes que limitam o progresso e ensina como substituí-los por uma nova mentalidade de crescimento e liberdade.

Se você sente que está pronto para dar um passo decisivo em direção à vida que realmente deseja, este livro é para você.

Sua jornada começa agora.

Roberto Shinyashiki
Médico, palestrante e autor best-seller

INTRODUÇÃO:

VENCENDO A MIM MESMA

Este é um livro sobre a maior transformação que poderá acontecer na sua vida: a sua própria.

Dizem, e a vida comprova o tempo todo, que com o passar dos anos vamos nos tornando como os nossos pais. E é maravilhoso quando conseguimos replicar a nossa herança emocional de um modo positivo, herdando hábitos saudáveis, atitudes prósperas e lições valiosas. Porém, essa herança não tem como ser perfeita; ninguém está imune de acumular durante a vida certo lixo emocional: comportamentos negativos, usados como válvula de escape, como a busca pelo prazer em vícios – seja por bebidas, sexo, redes sociais ou exercícios excessivos –, atitudes imprudentes, a permanência com parceiros tóxicos e diversos outros comportamentos que, quando nos damos conta, percebemos que os nossos pais também tinham. O detalhe é que, muitas vezes, nem sabemos por que nos engajamos nessas atividades! E aí, o que fazemos com esse lixo todo?

Isso sem contar os atos dos nossos pais que nos trouxeram traumas, a ponto de falarmos: "Eu jamais serei assim, nunca faria isso!". Bom, tenho uma notícia triste: mesmo que você acredite ser diferente nesses aspectos, muito provavelmente os espelha em suas ações hoje em dia. Não necessariamente faz a mesma coisa, mas pode estar usando todos os traumas e comportamentos aprendidos com os seus pais como base para o seu modo de existir. E pior: isso com certeza impede que você se torne uma pessoa livre de toda a toxidade à qual foi exposto na sua jornada até aqui. Mesmo assim, acredite: existe uma saída. Eu aprendi como me curar e vou lhe ensinar o que descobri na minha busca pela liberdade.

O básico é: perceber a si mesmo é essencial. É preciso escolher ter uma vida saudável, fortalecer o corpo com exercícios e crer em algo além de si – seja Deus, outra divindade ou a energia do Universo. O foco aqui é que devemos nos questionar acerca do que pode estar travando a nossa vida, de qual atividade talvez estejamos nos dedicando como válvula de escape para uma dor ou para a própria falta de autoconhecimento. Precisamos nos perguntar: *Que tipo de vida eu gostaria de ter para nunca me arrepender? Quais coisas e pessoas podem desencadear o meu entusiasmo?* Tudo isso está oculto em você, e isso é o que o levará a expressar as suas necessidades mais íntimas por meio da criação e de comportamentos adequados.

É importante deixar claro que o objetivo deste livro é promover a reflexão sobre a nossa infância e os nossos pais (ou quem nos educou), pois eles também tiveram seus problemas originados da própria criação e os levaram para a vida adulta. Não quero desmerecer, em nenhum momento, os esforços deles nem os declarar culpados por todos os problemas da nossa vida adulta; na verdade, quero ajudar você a compreender profundamente as influências arraigadas em cada um de nós.

Além disso, algo que precisamos deixar claro é que você não será exceção ao admitir algum problema na sua criação. Todas as famílias são disfuncionais de alguma maneira, inclusive a minha. Cresci em um núcleo familiar de classe média baixa e sofri violência psicológica e doméstica, pois isso era visto como parte da educação das crianças. Foram anos que afetaram muito a minha vida, a minha maneira de enxergar o mundo, e me tornaram uma pessoa disfuncional. Aquela era a dinâmica familiar em que fui inserida e, apesar de saber que o que me acontecia era errado, eu me moldei naquele formato. Passei anos sem entender por que nada dava certo na minha vida; em algum momento, me acostumei com o sofrimento e fui acreditando que aquele era o cenário "real", era o que eu tinha que viver. Essa inconsciência me trouxe falta de identidade e perdas que marcaram a minha trajetória. Demorei muito para compreender a origem de tudo que me ocorria. Porém, conforme fui me entendendo enquanto indivíduo, percebi que precisava mudar e, a fim de me conhecer e entender os meus pontos de trauma, tentei muitos tipos de terapia e optei por estudar Psicologia para ampliar essa compreensão.

Vencendo a mim mesma

Entendo quão grave é essa situação em que vários de nós nos encontramos, na busca de nos conhecermos e/ou identificar a terapia capaz de nos auxiliar. Quando procuramos ajuda, muitas vezes o que enfrentamos não é condizente com o nosso momento atual. Os tratamentos tradicionais são caros, demorados e podem não ter o efeito desejado para quem busca respostas a traumas e medos, sobretudo quando consideramos gerações mais novas, que demandam soluções cada vez mais rápidas. Foi por isso que, assim como muitos estudantes de Psicologia, escolhi essa carreira para me entender melhor. No entanto, o que aconteceu foi o contrário: a faculdade fez com que eu me sentisse ainda mais sem suporte.

Terminei a graduação com a sensação de não saber nada e mais perdida do que imaginava. Parecia que faltava algo ali e que ainda não tinha virado a chave da minha vida. Por conta disso, me inscrevi em dezenas de cursos, um após o outro; e, depois de muito experimentar e vivenciar, notei que a chave que faltava era o autoconhecimento. Eu não entendia que a revolução da transformação começa dentro de nós mesmos. Se não nos compreendermos, nunca poderemos entender os outros e perceber o que realmente queremos e do que gostamos. Foi assim que descobri a minha paixão pela mente e por pessoas.

Entendi, afinal, que se eu não estivesse disposta a me conhecer, de nada adiantaria tentar tratar outros aspectos da minha história. Aprendi que o processo de cura de traumas acontece aos poucos, como se fôssemos juntando peças e construindo um grande quebra-cabeças que une partes da vida, bloqueios psicológicos, crenças, programações, medos, modelos de comportamento e respostas da busca por nós mesmos.

À medida que eu conseguia visualizar melhor os mecanismos, ia "arrumando" as diferentes partes da minha vida, o que achava impossível antes desse processo. Essa jornada de autoconsciência envolveu dor, coragem e fé, mas hoje sei que tudo foi extremamente necessário para me capacitar para chegar até aqui e levar a mudança a quem estiver disposto a percorrer essa estrada. Por ter vivenciado essa evolução na pele, definir um método e passá-lo para as outras pessoas foi quase um processo natural. Afinal, conheci essas dores de perto, e isso tornou mais fácil enxergar no outro os desafios comuns à maioria dos seres humanos, bem como pesquisar as raízes mais profundas dessas mágoas, em busca das soluções e da transformação necessária. Posso dizer que fui ao meu próprio Submundo[1] e de lá voltei com uma boa nova que reúno neste livro.

Você verá que tudo começa naquela criança que você foi, na sua percepção de cada situação vivida: quando se sentiu confiante ou inseguro, próximo ou não à sua família; algo que lhe trouxe a sensação de ser um "nada" ou insuficiente etc. Essas experiências são lidas com o olhar único e singular daquela criança ou daquele adolescente, e esse sentimento fica gravado em nós. Afinal, aprendemos a ver o mundo a partir dos modelos de comportamentos que aprendemos – primeiramente, com nossa família e, mais tarde, com o mundo. Esses modelos têm por base sistemas constituídos de múltiplos fatores religiosos, sociais e culturais; e essa dinâmica vai crescendo dentro da gente. Em determinado momento, sentimos que não sabemos quem realmente somos, repetimos comportamentos que não são nossos e nos vemos soterrados em questões que também não são nossas. E todo mundo vivencia isso em alguma medida.

POR QUÊ? PORQUE, NA VERDADE, COMEÇAMOS NOSSA JORNADA DO MESMO MODO: COMO AQUELE BEBEZINHO LINDO QUE NASCEU PERFEITO E ERA SÓ AMOR.

Aquele bebê, que só queria amar e ser amado, sem nenhum medo de ser feliz, se relacionou com pais, tios, avós e todos aqueles que providenciam cuidado de uma forma maravilhosa. Porém, infelizmente, os familiares nem sempre estão preparados para a nossa chegada, porque também estão envolvidos nas suas questões pessoais, preocupados com várias coisas ao mesmo tempo. E essas pessoas não recebem o bebê com essa totalidade de amor, não o veem como realmente é.

---

[1] O Submundo era o local para o qual iam as almas das pessoas que morriam. Era dominado pelo deus grego Hades, responsável por impedir que elas retornassem para o mundo dos mortais. SILVA, D. Hades. **Mundo Educação**, out. 2022. Disponível em: https://mundoeducacao.uol.com.br/historiageral/hades.htm. Acesso em: 25 abr. 2024.

Esse pequeno ser, único e pleno de potencial, se depara então com um sistema diferente, com uma família que só queria que ele tivesse "educação"; fosse "bonzinho" e bom aluno; seguisse modelos de comportamentos preestabelecidos; e respeitasse normas e diretrizes ditadas por aquele núcleo familiar e/ou pela sociedade como um todo. Em busca de proteção, carinho e pertencimento, ele começa a ser como todos esperam que seja.

Seguindo os modelos que se apresentam, essa criança vai sendo programada para ser o que a família estabelece: se terá dinheiro ou não, se viverá um casamento funcional, se alcançará o sucesso (e que tipo de sucesso) etc. Além disso, há outros fatores mais sutis que afetam a expressão de cada um no meio em que estiver e fazem muita diferença na nossa história, influenciando quem somos, o que fazemos e por que fazemos. Alguns exemplos incluem o modo como somos recebidos na dinâmica familiar ao nascer, se a gestação foi desejada ou não, a condição econômica da família, se a mãe era muito jovem ou trabalhava fora, se o período do nascimento foi difícil ou não para o ciclo familiar em geral, quem nos educou (pai, mãe, avós ou outros familiares), bem como o nível de cobrança e das normas impostas.

São questões muito fortes, que impactam cada indivíduo de modo distinto. Afinal, um mesmo âmbito familiar não é vivenciado da mesma maneira por duas pessoas. Em uma família grande, com pais presentes e muitos irmãos, por exemplo, pode ser que o filho mais velho se sinta abandonado pelos pais, ao passo que o filho caçula talvez se sinta sufocado com tanta atenção.

Os cenários possíveis são muitos. Podemos ter, por exemplo, uma família em que os pais estabelecem muitas regras e cobranças, com broncas recorrentes aos filhos (em especial aos mais "rebeldes"), o que os faz responder sempre "brigando" para impor a sua individualidade (como foi o meu caso), e assim tentar proteger a própria existência. Isso pode até acarretar uma crise existencial, levando-os a pensar: *Por que os meus pais me tiveram, então? Por que eu nasci?*

Contudo, pode ser que o cenário seja oposto: a família perfeita, com pai, mãe e filhos lindos; uma propaganda de margarina. Até nessa família existem preferências entre os irmãos, por mais sutis que sejam, pois é mais fácil lidar com um do que com outro. Talvez você tenha sido a filha escolhida por um de seus pais; isso tem um impacto na vida adulta, pois você acaba reproduzindo inconscientemente esse papel de favorita, seja na faculdade ou no trabalho. Nada mais natural, afinal os pais tendem a ser os nossos heróis, portanto ditam os modelos de conduta que replicamos.

Temos muitos comportamentos copiados dos nossos pais ou cuidadores, tanto positivos quanto negativos, porque queremos pertencer à família, queremos nos sentir "bons" o bastante para estar ali. É nato do ser humano essa necessidade de pertencimento, de querer fazer parte de um grupo, seja ele social, religioso, escolar etc. A neurociência defende que somos seres relacionais,[2] ou seja: precisamos nos relacionar.

Essa cópia é algo bem estranho, porque é como se colocássemos os nossos cuidadores dentro de nós e fizéssemos uma mistura. Em seguida, repetimos sem parar esses modelos em gestos, trejeitos, palavras, crenças, usos e costumes. Algumas vezes "somos" a nossa mãe, em outras "somos" o nosso pai, e fazemos isso sem perceber, pois são comportamentos automáticos, não reconhecidos como realmente "nossos". Por vezes, até nos perguntamos: *Por que será que eu fiz isso ou aquilo?*

As nossas ações não se baseiam apenas nas nossas escolhas ativas. Então, precisamos refletir sobre alguns pontos não óbvios a princípio, mas cujas respostas se refletem nos comportamentos que reproduzimos: Qual foi o sonho dos seus pais sobre a sua chegada? Quais eram as expectativas? O que eles esperavam de você?

Todos esses aspectos formam a base da nossa existência e determinam como seremos na fase adulta, como resolveremos (ou não) os problemas e desafios que aparecerem, quão fortes e valentes seremos diante de tudo que precisamos solucionar, alinhar, ajustar, aprender. Como vamos SER. Você não precisa ter passado por algo tão pesado quanto uma violência

---

[2] RIVAS, S. L. Neurociência explica por que temos "fome de pele" e precisamos de abraços. **El País**, 16 maio 2020. Disponível em: https://brasil.elpais.com/smoda/2020-05-16/neurociencia-explica-por-que-temos-fome-de-pele-e-precisamos-de-abracos.html. Acesso em: 26 abr. 2024.

doméstica, como foi o meu caso, mas a percepção das situações é o que fica gravado e muda o seu rumo. Atendi um paciente que teve uma vida muito boa, mas que se lembrava de um episódio em que não ganhara um sorvete; isso ficou marcado nele. Não tem como medir essa dor. A sua dor é tão somente isto: sua. É como você sentiu aquele acontecimento, que pode parecer pequeno para alguém, mas é grande na sua visão. Só você sabe como foi e quanto doeu.

É muito importante, também, refletir sobre como lida com essa dor, pois ela pode – e muito provavelmente vai – afetar diversas áreas da sua vida, de um modo ou de outro. A sua dor pode lhe dar forças para ter êxito na vida profissional, porém pode deixar marcas disfuncionais na parte pessoal. Foi o que aconteceu comigo: mesmo com tudo pelo que passei, consegui me destacar no mercado como comerciante e depois como empresária, mas outras partes da vida não estavam boas.

Temos que lidar com a parte ruim, reconhecê-la e encará-la. Ao tentarmos reprimi-la, desenvolvemos diversos tipos de desequilíbrios, como depressão, insegurança, falta de autoconfiança ou mesmo a desconfiança da própria capacidade de amar. Podemos sentir que temos um potencial muito grande que não conseguimos desenvolver, que temos dificuldade em manter um relacionamento saudável, que nos entregamos a situações difusas e autodestrutivas, que somos infelizes aqui e ali. E isso tudo pode ser, por um lado, a consequência de ignorarmos as partes negativas; e, por outro, a causa, servindo como gatilhos para os vícios. Essas sensações ruins são as nossas neuroses.[3] Todos as temos, fazem parte de como percebemos a vida.

Mesmo sabendo disso tudo, é comum que a nossa preferência seja ignorar e reprimir. Você pode até me perguntar: "Rosana, por que eu preciso me conhecer? O que eu ganho de verdade com isso?". E a resposta é fácil: quando nos conhecemos, podemos olhar para tudo com mais maturidade, sabendo onde pisar ou não, se é melhor fazermos algo ou não, se aquilo será

---

[3] ROCHA, G. F. Conceito de neurose e história da neurose. **Meu artigo**, **Brasil Escola**, nov. 2022. Disponível em: https://meuartigo.brasilescola.uol.com.br/psicologia/conceito-de-neurose-e-historia-da-neurose.htm. Acesso em: 28 set. 2024.

bom para o nosso crescimento individual ou se é melhor evitar. A vida com autoconhecimento tem menos peso, tudo fica mais leve, pois chegamos à essência do que somos, ao nosso núcleo verdadeiro. Conseguimos ver com clareza aquela criança que é puro amor e já trazia dentro de si esse tesouro. Assim, saímos da prisão do que *deveríamos* fazer (por que você *deveria* fazer algo, se você é livre?) e incorporamos o mantra: "Se eu quiser de verdade, eu posso".

Com o autoconhecimento, você conseguirá decidir o que quer para a sua vida, terá poder de escolha e deixará de cair sempre nas mesmas armadilhas – traição conjugal, separação, relacionamentos conflitantes, fracasso profissional, desafios financeiros, raiva, angústia e tantas outras. Entenderá quais são as suas programações e poderá trabalhar nelas, uma a uma, sob a luz do autoconhecimento. Tudo ficará mais claro e consciente, fluido e verdadeiro, e você poderá ser mais feliz, porque será quem realmente é, sem disfarces nem máscaras disfuncionais, que escondem a sua beleza essencial.

E você pode até tentar me convencer (e se convencer) de que é tarde demais. Mas essas são as neuroses falando. Temos o poder de mudar em qualquer etapa da vida, independentemente da idade e das condições de que dispomos. Só é preciso querer fazer essa transformação, querer se conhecer. Por ter vivido um sofrimento profundo e transformador, eu me sinto preparada e disposta a ajudá-lo, e creio que cada pessoa que cruza o meu caminho gera em mim uma oportunidade de compartilhar tudo isso para, acima de tudo, chegarmos à felicidade.

Depois de ter sofrido a dor e as consequências de ter uma família disfuncional, pude viver essa metamorfose que desejo provocar nas pessoas. E tenho uma lembrança linda da primeira vez que me ocorreu que tal mudança era possível: aos 10 anos, assisti a uma palestra com Roberto Shinyashiki, que eu conhecia de uma fita VHS com a qual o meu tio havia me presenteado (se você já passou dos 30, deve se lembrar bem das VHS!). As falas daquele homem abriram a minha mente. Foi como se Deus tivesse enviado algo para me salvar daquele sofrimento, sabe? Aquelas palavras me fizeram acreditar que eu poderia ser mais, que eu poderia viver de uma maneira positiva. Elas me mostraram a luz no fim do túnel, com a certeza de que as coisas poderiam mudar na minha vida. Foi como se ele tivesse plantado uma sementinha dentro de mim. Aquele foi um ponto de inflexão e virada, pois eu tinha apenas 10 anos, mas já senti que a vida poderia ser diferente. E, quando você sente isso, cria um caminho neural positivo, que pode levá--lo a muitos lugares.

Embora a dor tenha sido uma professora cruel, me obrigou a estudar e, por consequência, me ensinou a buscar saídas e me proporcionou muitas experiências. É por causa dela que sou psicóloga; fiz muitas formações, sou treinadora comportamental, estudo neurociência e bioenergética e atualmente vivo e ministro cursos na China. Participei de vários retiros energéticos, em diversas partes do mundo, como Tailândia, China e Malásia, e tive a oportunidade de viajar para mais de cinquenta países, o que moldou a minha visão de mundo e me ensinou a valorizar ainda mais o simples, ao lado do meu marido e dos meus dois filhos.

Nos atendimentos, já ouvi de tudo: "Não sei o que quero fazer"; "Nunca tenho tempo para mim"; "Não passo de uma tonta"; "Não faço nada direito"; "Não consigo guardar dinheiro"; "Jamais vou conseguir emagrecer"; "Meus desejos são colocados de lado por falta de tempo e/ou dinheiro"; "Não importa o que eu quero fazer, não tenho talento"; "Nada do que eu faço dá certo"; "Tudo que eu faço é procrastinar"; e muitas coisas mais. Tudo isso não passa de **gravados** internos (e efeitos exteriores deles), que são as nossas crenças. Quando ouço essas frases, sei que, no mais profundo, existe algo gravado nesses pacientes que nem sempre é percebido por eles quando eu sinalizo. Associar o que vivemos no presente com o que passamos na infância é um processo. Mas sei que essa mudança é possível porque aconteceu comigo, e esse é o convite que faço a você!

No meu método, percorreremos essa transformação em quatro passos, começando pela **consciência** de quem somos hoje. Então, visitaremos o passado para entender o presente. Abordaremos um ponto muito importante, a **transferência**, que é quando vemos no outro algo que é nosso. O outro é sempre o nosso espelho. É um conceito bem simples, e aprenderemos a identificá-lo, trabalhando nisso de maneira diferenciada e bem prática.

A partir disso, apresentarei técnicas diversas para que você aprenda a desconstruir os padrões que acabou de perceber. Trarei muitas meditações e dinâmicas, que servem para acessar essas lembranças do passado e trazê-las para o agora – o melhor momento para trabalhá-las conscientemente.

Então, criaremos um **mapa do seu novo eu**, passando pelo conhecimento da **Lei da Atração**, para que você consiga sentir que pode ir além de onde está hoje e que esse futuro será construído por você, e ninguém mais. **Quem se conhece tem o poder de atrair a vida que deseja**. Então, quando estiver consciente dos seus comportamentos de toda a vida, passando pelos passos deste livro, você poderá viver a sua essência e conseguirá chegar à sua identidade.

VOCÊ ENTENDERÁ A IMPORTÂNCIA DE PERDOAR E PERDOAR-SE; APRENDERÁ QUE, PARA AMAR O OUTRO E A SI MESMO, É PRECISO PRIMEIRO AMAR E PERDOAR OS SEUS PAIS, MESMO QUE TENHAM SIDO OS PIORES DO MUNDO. O PERDÃO FAZ PARTE DO PROCESSO DE AUTOCONHECIMENTO.

Enquanto você estiver inconsciente, não terá o poder de mudar, porque desconhece o que está fazendo. Faz porque a sua mãe fazia ou porque você sente que deveria fazer, e repete esses mesmos padrões sem sequer perceber. Ou então opta por ser completamente diferente, porque determinado comportamento o magoou muito. Quando isso acontece, vivemos de acordo com essa história, na maioria das vezes inconscientes de todos os comportamentos, tentando seguir de maneira muito distinta; mas isso é difícil, pois existem gravações internas dos momentos pelos quais passamos, o que acaba por nos deixar cada vez mais tristes. De um modo ou de outro, aprendemos quase que em nível inconsciente a ser quem somos e, por isso, repetimos. E seguimos repetindo, há tempos. A rota de saída é **ter consciência e se desprogramar**, o que não é simples, porém é possível e traz muita positividade, felicidade e livre expressão de SER. Assim como foi comigo.

Vencendo a mim mesma

Para começarmos, gostaria de propor uma breve reflexão. Pense nas questões a seguir e depois responda:

- O que está acontecendo na sua vida?
- Você gosta do seu trabalho?
- Como estão as suas finanças?
- Como está a sua vida amorosa?
- Como terminaram os seus últimos relacionamentos?
- Como está a sua saúde?
- Como foi a sua infância?
- Como você gostaria que a sua vida estivesse hoje?

Muitos pacientes e discentes me respondem essa última pergunta dizendo: "O meu pai disse que eu deveria ser magra"; "A minha mãe falou que eu deveria ser cozinheiro"; "Eu deveria tentar algo que quero há tempos, mas tenho medo de que não dê certo". A sua resposta foi parecida? Então lhe pergunto: por que você deveria fazer todas essas coisas? Por que deveria ser perfeito? Por que fazer o que os outros desejam para você? E, mais importante: se é o que *você* quer, por que não o faz? O que é que está fazendo você se sentir incapaz, burro, pobre, sem valor, ou qualquer uma das auto-ofensas que estou certa de que passaram pela sua mente? É nessa resposta que você identificará os seus comportamentos gravados e as suas limitações. E é no primeiro capítulo que começarei a guiá-lo por essa busca.

O BÁSICO É: PERCEBER A SI MESMO É ESSENCIAL.

A chave para uma vida sem limites
@psicologarosanadecleva

CAPÍTULO 1:

DE ONDE VÊM TODOS OS NOSSOS COMPORTAMENTOS

Você já percebeu que muitas pessoas vivem desmotivadas enquanto outras parecem ser abençoadas pela alegria? Eu acho que existe uma explicação para isso. Você acredita em missão? Vamos falar sobre a nossa verdadeira missão na vida.

Acredito que todos nós temos um propósito e podemos encontrá-lo em qualquer idade ou momento da vida. Para algumas pessoas, como o meu marido, pode ser algo que sabem desde muito jovens, enquanto para outros pode ser algo de que se dão conta apenas mais tarde. No entanto, tenho percebido que muitas pessoas estão cada vez mais desorientadas em relação ao sentido da sua existência. Parece que, por mais que façamos essa busca, acabamos caindo sempre nos mesmos comportamentos e sentimentos. Por que será?

Conheço pessoas que têm tudo que supostamente as faria felizes, mas ainda assim não o são. No entanto, sei que também há quem trabalhe com algo de que não gosta ou que perdeu o emprego e teve sua vida tragicamente mudada para pior, porém ainda encontra espaço para ser feliz. Praticamente todos nós corremos atrás da felicidade, e é comum deslizarmos em alguns pontos: alguns vivem só para trabalhar e nunca tiram um tempo para o lazer; outros acabam dedicando a vida aos outros e esquecem de si mesmos; e ainda há quem precise controlar tudo, enfraquecendo, assim, os seus relacionamentos. O que acontece para que ajamos assim?

Bem, segundo especialistas, apenas cerca de 5% das nossas ações são feitas conscientemente; o resto permanece oculto no inconsciente.[4] Ou seja, o que nos faz pensar, analisar e refletir é a nossa parte consciente, os 5%. Já a parte inconsciente (a maior) é responsável pelas atitudes automáticas, como hábitos e emoções. Isso quer dizer que aprendemos muito mais pelo inconsciente familiar, que faz com que o corpo e a mente funcionem como um gravador, registrando esses comportamentos. Portanto, exemplos e modelos são bem mais efetivos do que as palavras ditas.

Apesar de estarmos envolvidos em tantas descobertas tecnológicas, nunca estivemos tão distantes de dominar emoções e sentimentos. Nós recebemos mais informações em um dia do que somos capazes de processar, o que causa ansiedade e dificulta o equilíbrio. Vivemos uma época de excesso de informação; por exemplo, uma única edição do *New York Times* contém mais informação do que alguém receberia durante a vida inteira na Inglaterra do século XVII.[5] Nós temos capacidade de ler até 350 páginas por dia, mas o volume de informação que recebemos dos mais diversos meios de comunicação é cerca de 7.355 gigabytes – bilhões de livros![6] Contudo, esse bombardeio de dados tem consequências; o físico catalão Alfons Cornella, por exemplo, criou um neologismo para retratar esse cenário: **infoxicação**,[7] termo que mistura "informação" e "intoxicação". Já o psicólogo britânico David Lewis identificou a síndrome da fadiga informativa, que se manifesta como angústia, tristeza, mau humor e

---

[4] LISBOA, S.; GARATTONI, B. O mundo secreto do inconsciente. **Superinteressante**, 9 mar. 2018. Disponível em: https://super.abril.com.br/ciencia/o-mundo-secreto-do-inconsciente. Acesso em: 28 set. 2024.

[5] DIMENSTEIN, G. Mal do século: síndrome do excesso de informação. **Folha Online**, set. 2001. Disponível em: https://www1.folha.uol.com.br/folha/dimenstein/imprescindivel/semana/gd020901a090901.htm. Acesso em: 6 nov. 2024.

[6] MONTEIRO, L. Excesso de informação na era digital requer discernimento para identificar o mundo real e o falso. **Portal UAI**, 10 dez. 2018. Disponível em: https://www.uai.com.br/app/noticia/saude/2018/12/10/noticias-saude,238577/excesso-de-informacao-na-era-digital-requer-discernimento-para-identif.shtml. Acesso em: 26 jun. 2024.

[7] *Ibidem.*

outras sensações ruins, em pessoas que precisam lidar com mais dados do que o normal.[8]

Mesmo sem saberem a nomenclatura do que sofrem ou entenderem bem, muitos já não conseguem aceitar a sensação de estarem desatualizados nem conviver com ela. Sofrem e chegam a sentir culpa por não conseguirem acompanhar as notícias. Além disso, essa avalanche de informações fez com que tivéssemos que aprender a filtrar dados reais dos falsos, criando outro ponto de tensão emocional. E isso é uma problemática forte no Brasil, sem dúvidas colaborando para que seja o país com a maior prevalência de depressão na América Latina, segundo a Organização das Nações Unidas (ONU).[9]

Além disso, nos últimos anos as inovações tecnológicas aumentaram a competitividade no meio corporativo, e, com isso, o grau de adoecimento também chegou a níveis alarmantes.[10] Tivemos que nos reinventar e sair do automático para manter os nossos cargos e, com tanta energia gasta nisso e na correria do dia a dia, acabamos por nos empenhar menos nas outras áreas da vida: família, espiritualidade, saúde e vida social. Nesse cenário potencialmente caótico, é natural que você alcance altos níveis de hostilidade, somatização, depressão e ansiedade, que afetam relacionamentos pessoais e profissionais.

Para começar no caminho de reequilíbrio, é importante focar a conscientização das próprias dores, para entender o que não está bom no que é sentido. Em seguida, mostrarei como é possível desprogramar os modelos de comportamento que herdamos dos nossos familiares, e trabalharemos a solução dessas questões.

---

[8] *Ibidem.*

[9] BRASIL. Ministério da Saúde. **Na América Latina, Brasil é o país com maior prevalência de depressão**. Brasília, 22 set. 2022. Disponível em: https://www.gov.br/saude/pt-br/assuntos/noticias/2022/setembro/na-america-latina-brasil-e-o-pais-com-maior-prevalencia-de-depressao. Acesso em: 27 set. 2024.

[10] MANSI, V. Entre o sofrimento psíquico e a realização profissional. **Associação Brasileira de Recursos Humanos – ABRH**, 2023. Disponível em: https://www.abrhbrasil.org.br/entre-o-sofrimento-psiquico-e-a-realizacao-profissional/. Acesso em: 28 set. 2024.

INCONSCIENTE FAMILIAR

Aprendemos tudo que somos pelos modelos de comportamento que recebemos dos nossos pais (ou de quem nos criou), bem como de parentes e amigos. Tal aprendizado é chamado de inconsciente familiar. Sem perceber, gravamos esses comportamentos em nós, estabelecendo-os como o "certo" a ser seguido ou o "errado" a ser evitado. Pelo fato de esses conceitos serem bastante subjetivos, dependem de como a criança os percebe: ela pode aprender com os pais, por exemplo, que crime, opressão e agressividade são condutas a serem seguidas; a decisão de reproduzir esse modelo ou evitá-lo dependerá de como ela internaliza isso e das consequências (ou falta delas) dos atos dos pais. Ou seja, o modo como nos comportamos quando adultos não se baseia sempre em um trauma, podemos nos basear em crenças também – como a de que os nossos pais agiam certo ou errado, por mais que os atos não nos afetassem diretamente.

Vamos imaginar que alguém conte que teve uma infância boa. A pessoa pode dizer: "Houve coisas boas de que me lembro, e outras coisas que não foram ruins, só acontecimentos corriqueiros". O exercício é recordar o que aconteceu no geral, não apenas o que você considerou bom ou ruim. É listar os comportamentos dos seus cuidadores. Vamos lembrar de tudo isso, mas, caso não venha nada à memória, você pode imaginar como foi e colocar isso no papel. Lembraremos o máximo possível das características dos nossos pais e depois olharemos para o nosso próprio comportamento e analisaremos em que pontos os copiamos.

LINHAS DE AMOR

Como reconhecemos o amor que recebemos na infância? Geralmente por modelos que acreditamos que sejam positivos ou negativos. Aqui, chamaremos isso de linhas de amor.

É essencial trazer à memória todas as características de seus cuidadores, principalmente como se comportavam e como era o amor deles em relação a você. Talvez você se lembre de situações como: "A minha mãe chamava a minha atenção na frente dos outros" ou "Eles não demonstravam carinho algum por mim".

COMO VOCÊ RECEBEU O AMOR NA INFÂNCIA? NA MAIORIA DAS FAMÍLIAS, OS PAIS SÃO BEM-INTENCIONADOS, QUEREM SER AMOROSOS E ATENCIOSOS, MAS NEM SEMPRE CONSEGUEM. NÃO PODEMOS ESQUECER QUE TODOS OS PAIS UM DIA JÁ FORAM CRIANÇAS TAMBÉM E ESTÃO LIDANDO COM AS SUAS HISTÓRIAS PESSOAIS, OU SEJA, COM AS LINHAS DE AMOR QUE RECEBERAM.

A criança precisa de encorajamento, carinho, afeto, apoio e bem-estar, assim como limites, clareza com as regras, direcionamento e conversa. Também precisa ouvir "não" e entender que existem normas de comportamento, as quais devem ser comunicadas de maneira simples, clara e afetuosa. Em contrapartida, é muito importante que ouçam "eu amo você pelo que você é". A autoestima e o amor-próprio começam a se desenvolver nesse contexto, quando ouvimos e vivenciamos que somos amados.

Observe mais de perto a sua história. Os seus pais eram carinhosos e amorosos ou frios e distantes? Eles o apoiavam ou desincentivavam? Nas datas comemorativas, eram generosos ou chegavam a se esquecer até de eventos como o seu aniversário? Você tinha atenção constante? Já chegou a ser esquecido por cuidadores na escola ou em locais públicos, como mercados, lojas e shoppings? Havia conflitos entre os seus pais que você sentia quase que uma obrigação de mediar? Os seus pais elogiavam as suas conquistas? Ofereciam apoio nas suas derrotas? Lembravam-se de acompanhar atividades escolares, extracurriculares e de lazer? Quando tinham de lhe negar algum pedido, explicavam o porquê ou apenas gritavam "porque não!"? Se aparecia alguma situação a ser solucionada, eles conversavam com você sobre o assunto ou apenas ditavam regras sem negociação alguma? Se você tem irmãos, havia predileção deles por algum filho? Você já se sentiu "esquecido" na própria casa? Ou culpado por tudo de errado que acontecia?

As respostas a essas perguntas podem mostrar como você aprendeu a amar. Elas definem as linhas de amor, ou seja, os modelos que você recebeu para manifestar amor. A seguir, listarei algumas das linhas mais comuns que geram efeitos negativos. Pode ser que você se identifique com mais de uma, ou até com nenhuma. Mas, a partir delas, analise como era vivenciado o "amor" na sua casa de infância.

- **Amor desfavorecido:** pelo menos um dos cuidadores sempre dizia: "Depois de tudo o que eu fiz por você, como pôde fazer isso/se sentir desse jeito/me tratar assim/dizer essas coisas?". A criança tende a se sentir culpada e/ou em débito com os pais, fazendo com que seja quase impossível viver livremente, sem pensar em como cada ação impacta os pais.
- **Amor representativo:** em vez de ver a criança como um ser em si, com vontades e desejos próprios, o adulto a vê como uma representação de si mesmo, dando a ela o que ele mesmo gostaria de ter recebido, de modo a suprir as próprias necessidades por meio dos filhos.
- **Amor oferenda:** a criança recebe presentes, como brinquedos, alimentos de fora da rotina ou pequenos objetos, em vez de tempo, atenção, afeto e cuidado.
- **Amor condicional:** o amor oferecido pelos cuidadores vem com condições, como se eles dissessem: "Eu vou te amar SE você for bonito/comportado/inteligente etc.".
- **Amor sufocante:** a criança é coberta de atenção e afeto, mas, à medida que ela se observa, se percebe pesada e sufocada. Na maioria das vezes, os pais estão suprindo as próprias necessidades de amor por meio da criança. Tive muitas pacientes que deixavam de trabalhar para estar com os filhos e/ou faziam tanto por eles que os deixavam sem espaço, porque acreditavam que era o certo, sem perceber que tentavam preencher a vida "vazia" agindo assim.
- **Amor complacente:** tipo de amor no qual os cuidadores não impõem qualquer limite. Algumas pessoas que crescem com esse tipo de amor se sentem negligenciadas e podem ter dificuldade de lidar com a frustração.

- **Amor confuso:** a criança não consegue saber como será o comportamento dos pais, então a atenção e o amor são imprevisíveis. Essa confusão pode estar relacionada a transtornos psicológicos, mentais ou físicos, estresse etc.
- **Amor intoxicado:** os cuidadores só se tornam afetuosos e expressivos quando sob o efeito de alguma substância – e podem nem se lembrar disso depois.
- **Amor avoado:** os pais são emocionalmente distantes, não se conectam com os próprios filhos. É como se vivessem anestesiados. Alguns chegam a verbalizar que amam os filhos, mas outros nem chegam a tanto. A experiência de ter pais assim é se sentir sozinho.
- **Amor tentativo:** os pais tentam amar os filhos, mas não conseguem e colocam a culpa disso nas reações desses filhos. É como se dissessem: "Estou tentando amá-lo, mas você torna isso muito difícil".
- **Amor fantasma:** o pai ou a mãe não está presente nem disponível, seja física ou emocionalmente, mas verbaliza que ama o filho, que por sua vez fica com pouca ou nenhuma percepção da experiência desse amor. Ou seja, a criança ouve que os pais a amam, porém raramente vê esse amor em ações.
- **Amor dual:** um dos pais é viciado, abusivo e narcisista, enquanto o outro, por comparação, parece ser muito bom. Contudo, o cuidador tido como "bom", ao ser avaliado individualmente, pode estar sendo negligente, ausente ou não estar protegendo a criança.
- **Amor obrigatório:** os pais tendem a atender apenas às necessidades obrigatórias da criança. Não deixam faltar comida na mesa, mas faltam afeto e carinho.
- **Amor Complexo de Édipo ou Complexo de Electra:** a criança vira um parceiro substituto, podendo representar o pai ou a mãe. Geralmente o filho cuida de um dos cuidadores, pois se sente especial. Isso acontece quando há falecimento de um dos cuidadores, separação ou conflitos não resolvidos entre o casal. Também

A chave para uma vida sem limites

ocorre quando um dos pais coloca a criança sempre em primeiro lugar, antes do parceiro.

- **Amor baixa autoestima:** quando os pais dão atenção e afeto à criança, mas não amam a si mesmos, e isso é perceptível para o filho. Na maioria das vezes, essa criança aprende a não se amar ou a não se achar digna de ser amada.

Em suma, tais percepções do amor se resumem a palavras negativas, à sensação por parte da criança de que os pais só passam tempo com ela por obrigação, à ausência ou demasia de presentes, à não celebração de momentos importantes, aos atos de serviço disfuncionais e ao toque físico abusivo. Tudo em um relacionamento entre pais e filhos deveria vir de maneira saudável e positiva, no entanto não é sempre assim. Nós crescemos com o que nos foi fornecido naquele momento e aprendemos com o contexto familiar em que estamos inseridos.

Proponho que você reflita e faça uma análise completa das respostas a respeito do seu histórico familiar e do tipo de amor com o qual você mais se identificou, trazendo para o consciente dores que podem estar enterradas no passado. Tente se lembrar de situações em que você se sentiu constrangido, acuado, controlado ou diminuído. O que aconteceu? Qual foi seu sentimento naquele instante? O que dói tanto? Como são essas formas de "amor" na sua vida hoje? Quais você utiliza? Como as reproduz no dia a dia?

Pessoas que sentem medo de criar laços chegam a mim em busca de terapia, pois encontram dificuldades em trazer à tona os próprios desejos. Em muitos casos, durante a infância, os pais as sobrecarregavam emocionalmente, mostrando-se muito decepcionados se elas preferissem passar o dia na casa da avó ou brincar com os amigos em vez de ficar com eles.

Lembro de um paciente, o Pedro,[11] que tinha crenças de que não poderia abandonar a mãe, precisava estar sempre ao lado dela, era responsável por sua felicidade e não tinha vontade própria. A mãe sofria muito por causa

---

[11] Os nomes nos casos relatados nesta obra foram alterados para proteger a identidade das pessoas.

do pai, que a tratava mal e mantinha relacionamentos extraconjugais; ela sempre estava triste. O rapaz, sem perceber, acabou assumindo o papel de parceiro da mãe, que se queixava muito desse pai. Para a mãe se sentir mais feliz, ao menos na percepção de Pedro, ele deixava de ir à casa da avó e até de brincar com os amigos para estar ao lado dela.

Quando cresceu e começou a se relacionar, Pedro tinha dificuldade de permanecer muitas horas junto das parceiras. Ele só se sentia livre de verdade quando estava sozinho. Quando a necessidade de estar com as namoradas era demasiada, ele mudava também os sentimentos em relação a elas, sempre terminando o namoro prematuramente, pois acreditava que encontraria uma pessoa melhor. Na terapia, Pedro percebeu que sofria ao estabelecer vínculos e que essa busca por uma mulher melhor refletia o medo de amar. Foi preciso mudar a percepção em relação à mãe para se conscientizar dos próprios desejos e se colocar de maneira saudável em um relacionamento. Então, perceber que tinha direitos na relação e entender como ele mesmo funcionava, de acordo com as suas experiências de infância, fez com que conseguisse aproveitar mais os relacionamentos sem precisar fugir deles.

Infelizmente, é comum escondermos dores em comportamentos destrutivos – buscando prazer em lugares equivocados –, o que reflete o sofrimento de não se ver, não se conhecer, fugindo do problema ou fingindo que ele não existe. A desconexão é uma forma especial de fuga e evitação, na qual as pessoas se refugiam dentro de si, desligando-se internamente. Fugir da realidade pode se expressar por consumo de drogas (ilícitas ou lícitas; ou seja, álcool e cigarro também), compulsões (alimentar, por jogos ou compras, redes sociais etc.), múltiplos relacionamentos amorosos (inclusive com pessoas perigosas ou que não compartilham dos seus valores), excesso de plásticas, procedimentos estéticos arriscados, entre outros. É como se você dissesse: "Está tudo bem, tudo ótimo, não tenho nada em que trabalhar, não tenho nada para resolver!" e se afundasse cada vez mais, pela falta de consciência de quem você realmente é e no que acredita.

Na faculdade de Psicologia, tive acesso a inúmeros métodos e teorias; percebi que conhecimento, por si só, não cura. É importante, pode ser a base de um tratamento e da reversão tão esperada, mas ainda assim fica faltando um elemento essencial – a AÇÃO –, que efetiva a MUDANÇA. Por isso criei esse método, que venho aplicando há muitos anos e veremos logo adiante.

A consciência é importante, por isso é o primeiro passo do meu método, mas sozinha não resolve as questões, não cura: é apenas o início de uma jornada. Saber pelo que você passou ilumina a estrada escura. Ter a consciência de que chegou em determinado ponto da vida e não está feliz é a primeira parte do autoconhecimento, que possibilitará a alteração da percepção e do pensamento, refletindo-se na expressão corporal (porque tudo está no corpo, que diz mais do que se imagina) e depois, então, em uma mudança de comportamento.

É interessante notar esse reflexo em nossa expressão corporal, pois levamos todas as nossas alegrias e dores para o corpo. É aquela dorzinha que começa bem sutil, mas incomoda, e depois vai aumentando, ou chega outra dor para acompanhar. Quando eu sentia oscilação na pressão arterial, por exemplo, percebia que a raiz disso eram as questões com o meu pai. Era sempre do lado direito, o lado que representa o pai, nas costas e acima. [12, 13] Não só isso, mas até hoje percebo que, quando estou fazendo muitas coisas ao mesmo tempo, o corpo sinaliza o estresse. No final, essa consciência e auto-observação é algo que precisa ser trabalhado.

Como comentei, tive uma infância que envolveu violência física e psicológica. Para alguns, pode parecer normal, porque passaram pela mesma situação. O meu pai me ensinou que amar era bater, e a minha mãe foi um exemplo de que eu tinha de ficar quieta, pois o melhor era ser passiva e aceitar. Então eu internalizei isso, que se refletiu em todos os meus relacionamentos, fossem amorosos, familiares ou amigáveis. Eu não sabia o que fazer

---

[12] De acordo com a bioenergética, o lado esquerdo do corpo está relacionado a aspectos femininos e emocionais, enquanto o lado direito representa os aspectos masculinos, o trabalho, as responsabilidades. Partindo desse princípio, as dores são resultantes de energia emocional reprimida e, quando falamos especificamente de uma dor nas costas, estamos nos referindo a emoções ou tensões relacionadas a gravados familiares ou crenças herdadas que se conectam à figura do pai ou à masculinidade em geral. Essas tensões, então, precisam ser reconhecidas e liberadas.

[13] CAIRO, C. **Linguagem do corpo**: aprenda a ouvi-lo para uma vida saudável. São Paulo: Mercuryo, 1999.

e costumava reagir de acordo com as informações que eu tinha. Também reproduzi isso na vida escolar, porque tinha um professor parecido com o meu pai: era muito duro comigo, exigia demais e queria que eu fizesse cada tarefa exatamente de determinada maneira – e eu ia muito mal nessa disciplina. O que eu não sabia era que estava em transferência com esse professor – portanto, projetando sentimentos e frustrações nele. A propósito, "transferência" é um termo técnico que usamos na Psicologia e que mudou a minha vida. Falarei sobre ele mais adiante.

Quando, por fim, os meus pais se separaram, senti bastante o impacto disso. À época, sequer entendi por que estava sofrendo tanto com aquilo se tudo que eu queria, nas minhas próprias palavras, era estar longe de um pai violento. Inclusive, a separação inspirou o tema da minha monografia na graduação de Psicologia, pois eu queria entender melhor esse impacto sobre as crianças.

Na juventude, eu buscava prazer de uma maneira equivocada e acabei me tornando hostil, egoísta e grosseira. Demorei anos e anos para dar uma resposta positiva para mim mesma, porque não sabia como fazer isso. Então, enquanto não obtive esse conhecimento, segui em um ciclo de me magoar, me cobrar, ter relacionamentos tóxicos. Sabia o que queria, só que não tinha ideia de como conseguir. Lembro de ter consciência de que queria um parceiro bacana, mas não sentia atração por caras legais. Até me perguntava: *Meu Deus, será que tenho que me casar com uma pessoa que não tem nada a ver comigo? Como assim?*

Sempre fui bastante intensa; gostava de trabalhar, viver, viajar, fazer as coisas. Fui a rebelde da família. Só que muitas vezes não percebemos que estamos em um ambiente tóxico e seguimos a vida no automático. E, frequentemente, a vida não deslancha porque o que somos está coberto por várias camadas, talvez até mesmo distorcido por todas as experiências, e isso faz com que tenhamos um mundo menor.

Vários tratamentos, vivências, experiências e dinâmicas fizeram parte do meu processo de autoconhecimento. Quando entendi que os meus pais não foram tudo de que eu precisava, mas haviam me dado o que podiam, além do que tenho de mais precioso (a vida), com a consciência e o conhecimento que tinham, comecei a construir uma versão mais completa e consciente de mim. Afinal, foi necessária uma compreensão que não nos é imediata: os nossos pais não foram sempre adultos. Eles também tiveram a própria formação, os próprios traumas – já foram crianças. É, eu sei: é estranho tentar imaginar os nossos pais como crianças. Porém, é algo de que não podemos nos esquecer. Levei anos para entender isso e desenvolver a consciência de mim, mas nunca me vitimizei – a vitimização é bem comum na maioria dos meus pacientes. O resto foi o que foi! E olha que era muito difícil falar sobre o assunto família na adolescência!

É PRECISO SER HONESTO CONSIGO MESMO, ENCARAR OS DEFEITOS E AS VIRTUDES E SE PERMITIR OLHAR PARA DENTRO DE SI, A FIM DE DESCOBRIR O PRAZER DA VIDA POR MEIO DA CONSCIÊNCIA.

Ao percorrer esse caminho de autoconhecimento, você perceberá que tudo é novo e que o novo nem sempre é simples. Por exemplo, aprendemos que é importante liberar a raiva da infância e dos nossos pais, pois de algum jeito eles tiveram culpa, por mais que (e eu insisto nisso, pois é importante!) não sejam culpados. Porém, ter esse conhecimento não necessariamente torna a tarefa mais simples. Essa nova percepção sobre aqueles que cuidaram de você ou lhe deram a vida trará uma mudança de pensamentos e, por consequência, o seu mundo externo se modificará. E mudanças não são simples. É preciso encará-las, trabalhar nelas. Dizer somente "eu sei que foi duro para a minha mãe", sem passar por uma sessão de descarregamento da raiva e por dinâmicas para criar caminhos neurais positivos, não traz efeito duradouro.

Todos os comportamentos novos são desafiadores, principalmente os que atuam no emocional, porque precisamos "vomitar" o que está entalado na garganta – e, às vezes, há sentimentos de uma vida inteira presos. São muitas as pessoas que caminham na direção errada desde sempre, indo do berço ao caixão sem descobrir que não precisavam viver como viviam quando crianças. Várias nem se dão conta de que já se tornaram adultas, por isso continuam com as mesmas crenças, esquecendo que internamente existe uma criancinha que não cresceu; não conseguem colocar essa sensação para fora e dizer: "Que merda que eles fizeram! Que droga de vida besta!". A cura vem depois desse choque de consciência.

Os estudos sobre comportamento humano eram urgentes para mim porque eu precisava entender tudo que aconteceu comigo, para me curar e conseguir ajudar outras pessoas que passavam pelo mesmo cenário. Comecei a fazer análise porque queria me tornar psicóloga e precisava aprender como funcionava a terapia. Mas, assim que saí da faculdade, não me sentia capaz de atender alguém. Todo aquele conhecimento, adquirido em cinco anos, e ainda sentia que não estava preparada!

Com o passar dos anos, fiz inúmeros cursos, percebi que precisava olhar a fundo para tudo aquilo, mas ainda não encontrava as respostas. Sabe por quê? Porque a maioria dos cursos abrem você, mas não o fecham. Você acaba não olhando para quem é na realidade e fica sem um direcionamento. Dentro de você existe uma criança que não cresceu, então apenas a sua mente o levará para o caminho certo, contanto que você seja acompanhado e exposto às técnicas corretas.

As teorias tradicionais não ensinam a fazer isso, mas precisamos ver e saber mostrar o caminho do bem. E como fazer isso? Bem, acredito que nascemos puro amor e sei que sentir essa verdade faz parte do caminho da cura, tanto que ensino isso para os alunos terapeutas. Muitas figuras relevantes nos mostram isso: Jesus era amor; Mahatma Gandhi enfatizava o amor; Martin Luther King, líder dos direitos civis nos Estados Unidos, pregou o amor e a não violência, defendendo ideias como: *"We should love our enemies [...], hate for hate only intensifies the existence of hate and evil in the universe"*. [Devemos amar os nossos inimigos [...], pois o ódio em resposta ao ódio apenas intensifica a existência do ódio e do mal no Universo];[14] Pablo Neruda, poeta chileno, escreveu apaixonadamente sobre o amor; Dalai Lama, líder espiritual do budismo tibetano, coloca o amor e a compaixão

---

[14] KING, M. L. Jr. "Loving Your Enemies", Sermon Delivered at Dexter Avenue Baptist Church. **The Martin Luther King, Jr. Research and Education Institute**. [s. d.]. Disponível em: https://kinginstitute.stanford.edu/king-papers/documents/loving-your-enemies-sermon-delivered-dexter-avenue-baptist-church. Acesso em: 6 nov. 2024.

como fundamentos da paz e felicidade; Antoine de Saint-Exupéry, autor do clássico *O pequeno príncipe*, alerta: "Só se vê bem com o coração, o essencial é invisível aos olhos".[15] Muitas outras grandes mentes, que marcaram a história, ensinaram o amor como uma força poderosa e essencial na vida humana, capaz de promover mudanças significativas e duradouras. Portanto, como passamos de um bebezinho que era só amor para uma pessoa com problemas e que se sente sem amor? O amor e todo esse processo mudou a minha vida, apesar de ser algo tão simples. A partir deste livro, você terá escolha e entenderá como usar a chave da sua mente.

O primeiro clique do autoconhecimento é ter consciência do que você viveu. Depois, cabe entender quais linhas de amor (positivas e negativas) o marcaram, quais modelos de amor você recebeu. Em seguida, é a vez de analisar os comportamentos que copiou dos seus pais.

Agora, pare um pouco e reflita: neste ponto da jornada do autoconhecimento, você já consegue identificar alguns desses comportamentos?

Mais adiante, veremos várias dinâmicas para que você se encontre. Pode ser que surjam sentimentos, porém não permita que eles o distraiam; é importante seguir as dinâmicas até o fim. É preciso trazer à tona esses sentimentos que estão guardados e escondidos, para desbloqueá-los. Não tenha medo deles. Diga em voz alta:

"NÃO É QUEM EU SOU POR DENTRO, E SIM COMO ME VEJO, QUE É O QUE ME DEFINE."

No próximo capítulo, continuaremos esse processo de autoconsciência e identificação, para que você consiga visualizar a sua realidade com bastante clareza, preparando-se para o caminho da autocura, da harmonia e da inteligência emocional. Vamos juntos, em frente!

---

[15] SAINT-EXUPÉRY, A. **O pequeno príncipe**. Rio de Janeiro: Agir, 1974. p. 74.

CAPÍTULO 2:

CONVIVENDO COM O PIOR INIMIGO

Sem perceber, fazemos de tudo para que algo bom não aconteça. Quando acreditamos que não somos capazes, provocamos situações para comprovar isso. Se for uma oportunidade no trabalho, atrasamos tarefas importantes – às vezes por medo de falhar ou não conseguir realizá-las – ou deixamos de entregar algo, e depois damos um jeito de justificar aquele fato guardado no nosso cérebro, para então proclamar: "Viu? Eu avisei!". E logo voltamos para a estaca zero, acreditando que não somos capazes.

Além disso, buscamos sempre a aprovação alheia. É importante para o ser humano ser aceito pelo outro, e muitos dependem dessa aprovação para viver. Lembro de um amigo do meu marido que não decidia por conta própria sequer a cor da camisa que deveria vestir – e isso com uns 30 anos. Todos os dias vejo pessoas assim; embora compreendam claramente as influências que moldaram o seu jeito de ser como adultos, continuam reféns da configuração automática. Eu mesma não consigo fugir por completo disso. Fomos vítimas de repressão e sofremos de insegurança, carregamos em nós marcas da infância e da juventude que interferem no nosso caminhar. Essa influência é gigantesca, assim como a dificuldade para perceber quando as nossas ações partem da criança interna.

Vejo bastante essa autossabotagem, consciente ou não, em pacientes que querem avançar em alguma área da vida e não conseguem. Basicamente porque qualquer coisa necessária para evoluir – seja crescer profissionalmente, ter um relacionamento, viajar pelo mundo ou emagrecer – só é possível com qualidade de pensamento e palavras, bem como eliminação dos gravados negativos, ou seja, aquilo que acreditamos sobre o mundo, sobre nós mesmos e sobre os outros, aquilo que não nos "autoriza" a sermos nós mesmos em essência.

São muitas frustrações e traumas que nos impedem de seguir adiante, mantendo-nos travados em algum ponto. Ao atender os pacientes, percebo que há diversas questões emocionais para cuidar, e é preciso revisar cada momento que fez parte da raiz emocional, que é a origem de tudo.

Tive uma aluna terapeuta que foi abusada sexualmente pelo padrasto. Na época, Bianca contou para a mãe, que se recusou a acreditar nela, e o abuso continuou por anos. A mãe sempre dizia que ela deveria respeitá-lo e que não inventasse coisas. Essa aluna tinha crenças como "ninguém me protege" e "homens são perigosos". Quando cresceu, passou a sentir raiva dos homens e, ao mesmo tempo, medo, o que prejudicou os campos pessoal e profissional, pois ela se colocou como vítima da vida.

Quando a conheci, em um encontro on-line da formação Treinador do Futuro, Bianca já havia passado por anos de terapia, e muitas das questões estavam sob controle, mas o medo dos homens ainda persistia. Em uma sessão de meditação guiada, ela conseguiu enxergar por uma perspectiva diferente, e ficaram mais claros diversos pontos: que a situação já havia passado, que o padrasto estava na cadeia, que ela já era adulta e que nem todos os homens eram estupradores. Fiquei muito surpresa, porque, no meu entendimento, Bianca já sabia de tudo isso, já estava consciente, até por ter vivenciado anos de experiência como terapeuta e como paciente. Lembro que ela havia me contado o seu caso, com alguma naturalidade, enfatizando que tinha trabalhado terapeuticamente essas questões em diversas sessões.

O que acontece é que às vezes a terapia só atinge a parte cognitiva, o adulto, o pensante, o "cabeção", e a outra parte de nós ainda vivencia aquela criancinha. Porém, quando finalmente compreendemos isso, a criancinha entende que a situação ficou no passado e que quem predomina é a parte adulta. Essa compreensão não é simples nem instantânea. A cura nem sempre vem quando queremos, mas querer faz muita diferença para que ela chegue.

Convivendo com o pior inimigo

Se não olhamos para a nossa história, travamos, pois ficamos presos na realidade da infância. Quando não tratamos dessas questões, elas viram uma bola de neve que rola montanha abaixo e só aumenta, espalhando-se para outras áreas da vida e causando comportamentos que não se alinham, geralmente associados a dores emocionais.

Na vida pessoal é comum que aqueles que ignoram a própria história vivam relacionamentos tóxicos, tenham parceiros narcisistas e complicações no casamento, e sofram traições, separações e tensões nas relações interpessoais, em diferentes núcleos sociais. Tais situações provocam grandes bloqueios e impedem que quem as sofreu faça o que precisa ser feito. Essas pessoas acabam se esquivando e não agem quando precisam ser assertivas, definir algo importante ou resolver um assunto que exija urgência, como ser responsável por fechar um negócio.

E como podemos reverter tais pontos de indefinição ou tensão? Começamos pesquisando a origem deles na história, transformando o pensamento para que seja possível modificar o comportamento. É preciso criar um personagem, começar a falar o que o incomoda, ter coragem e expressar a dor que aquela situação causou. A partir disso, em algum momento, ficará mais fácil essa transformação.

Qualquer pessoa consegue desenvolver uma habilidade. Para ser feliz, desenvolvi muitas. Por exemplo, eu tinha medo de falar em público, era um pavor mesmo; eu me amedrontava com a provocação do outro, porque me lembrava dos meus pais, que eram muito críticos. Então, fiz o caminho de volta, conectei esse medo com o que queria viver, e isso me levou a uma vida mais leve. Ter consciência dos medos e de onde eles vêm é o primeiro passo para o processo de transformação e cura.

MEDOS MAIS COMUNS

Vejo nos meus pacientes, com mais frequência, o medo do abandono, da não aprovação do outro e de não ser capaz de ser ou fazer algo. O maior de todos os medos parece ser o de não se sentir bom o suficiente, algo complexo que impacta a vida de qualquer um.

Segundo a neurociência, somos programados para evitar mudanças, pois elas nos causam sentimentos negativos,[16] ou seja, quanto mais procurarmos viver essas mudanças, mais vivenciaremos as maiores dores. A neurociência nos fala sobre os cinco maiores medos:[17] **abandono, rejeição, traição, humilhação** e **manipulação**. A partir da consciência do medo, podemos entrar na história da pessoa, em busca da origem dessa dor.

É INTERESSANTE ENTENDER QUE NEM SEMPRE É SIMPLES ACESSAR ESSAS RECORDAÇÕES DO PASSADO. PODE SER, INCLUSIVE, QUE VOCÊ NEM CONSIGA SE LEMBRAR, PORQUE O CÉREBRO APAGA AS CENAS PARA NOS PROTEGER. É COMO SE ELE FALASSE: "NÃO, ISSO VAI DOER DEMAIS. VAMOS DELETAR!". SÃO MECANISMOS BASTANTE COMPLEXOS.

É mais palpável a percepção dos comportamentos e das condutas. Um dia, você pode comentar: "Olha o que essa pessoa está fazendo!". Então você começa a se comparar, e isso desencadeia sentimentos que "roubam" e controlam pensamentos e ações. Talvez o seu pai o comparasse com o seu irmão ou com um menino da escola, ou talvez ele tenha apenas elogiado o seu amigo, mas o sentimento que ficou foi de que o outro era melhor, moldando a sua percepção.

Quando você começa a se comparar, já possui gravados internos e pode até dizer: "Não vou dar conta, não! Olha aquele cara, que é bem melhor do que eu!". A crença que isso esconde é a de "eu não tenho valor", e ela nos mostra, em um nível profundo, se nos sentimos queridos neste mundo ou

---

[16] CASTANHA, L. A. Neurociência da mudança: como isso pode impactar a rotina das equipes. **Grupo Gestão RH**, 13 abr. 2017. Disponível em: https://www.grupogestaorh.com.br/pt_br/artigos/7294-neurociencia-da-mudanca-como-isso-pode-impactar-a-rotina-das-equipes. Acesso em: 28 set. 2024.

[17] VOCÊ tem medo do quê? **Essência Exponencial**, 8 jan. 2024. Disponível em: https://essenciaexponencial.com.br/5-medos/. Acesso em: 29 set. 2024.

não. Frequentemente, ela nos leva a parar e desistir. Porque é difícil mesmo. Há muitos obstáculos, vozes internas e externas, além das crenças que gritam "verdades" e programações que são só suas. É pai, é mãe, é bronca e muita comparação: "Seu vizinho é muito melhor que você"; "Seu amigo se sai muito bem!"; "Seu irmão, nossa, ele é inteligente demais!". Você consegue imaginar isso aqui na China, um país com quase um bilhão e meio de pessoas, onde a maioria dos pais diz para o filho que ele precisa ser o melhor da sala de aula, na qual existem outros cinquenta alunos, todos crendo que precisam ser os melhores?

A tendência é ficar nesse tormento interno, que o assombra e só cresce, e você acaba transferindo todo esse sentimento de criança para a vida adulta, permitindo que ele se transforme em pânico de falar em público; sensação de não ser capaz; sentimento de não ser merecedor, de que jamais será feliz, de que nunca será bom o suficiente etc. A lista é infinita, e entre as crenças típicas estão: "Sou um fracasso"; "Sou feio"; "Sou uma pessoa ruim" e "Não presto para nada". Isso tudo ocorre de maneira inconsciente. Lembra que trazemos somente cerca de 5% do que somos para a consciência? Assim, a maioria das pessoas que não reconhece o próprio valor leva a vida se defendendo do quê? Da infância. São os perfeccionistas, os obsessivos por beleza e perfeição.

Até os 6 anos, estamos na fase emocional. Ainda não conseguimos contar e não estamos prontos para ler. Mas, a partir dos 6 ou 7 anos, uma chave gira na nossa mente, dando um "clique" para que iniciemos o aprendizado da escrita e da leitura. Começamos, também, a perceber o mundo e os nossos pais de maneira diferente. Até ali, os cuidadores eram "os caras", mas começamos a pensar com mais precisão, desenvolvendo melhor o raciocínio, articulando estratégias e planos, e as conexões neurais vão se aperfeiçoando. Então, percebemos que os "super-heróis" podem não ser tão bonzinhos quanto imaginávamos, travando os nossos desejos em algum ponto ao dizerem "não" para o que pedimos. Nesses casos, podemos até responder com algo como: "Ah, não vão me dar o que quero? Não vão me dar dinheiro? Não querem me dar o doce? Quando eu crescer, eles vão ver só! Vou comer todo o doce que puder! Vou comer doce a vida inteira! Terei todo o dinheiro do mundo!". Ficamos com aquilo dentro de nós, sabe? Sempre de maneira inconsciente. Muitos se tornam milionários, juntando dinheiro sem parar, porque não receberam aquele dinheirinho do docinho.

Não tem jeito, nem tem para onde fugir. Mesmo que isso nos cause estresse, seguiremos nesse caminho sem perceber. Há quem vire um workaholic desenfreado, sem vida pessoal, só trabalhando, trabalhando, trabalhando sem parar, sem se dar conta do verdadeiro porquê. Vivi nessa armadilha emocional e, dos 19 aos 29 anos, só trabalhava: das 8 horas da manhã às 10 horas da noite, todos os dias e muitos finais de semana também; uma loucura! Todo dia, todo dia, todo dia. Até que me perguntei: *Qual é o verdadeiro sentido disso?*

Esse cenário, é claro, não é o único possível. Todos temos algum comportamento que repetimos de maneira inconsciente, entrando na autossabotagem, em um looping, sem nos vermos realmente, fazendo com que tenhamos um modo automático de viver.

Você também pode parar agora e se perguntar: *Por que estou comendo tanto? Que fome é essa? Onde vou parar? Por que trabalho exaustivamente e não me permito descansar, brincar com os meus filhos, me divertir? Por que me estresso tanto com certas coisas se era na verdade para estar me divertindo? Será que não mereço? Por que não tenho cuidado de mim mesmo e só cuido dos outros? Será que a pessoa mais importante da minha vida não sou eu?* Com esse exercício, talvez você consiga se ver como aquela criança lá de trás, lembrando-se de alguns desses "planos" que você mesmo criou e ficaram gravados no seu cérebro: *Disseram que não podia comer algo, agora vou comer o quanto eu quiser! Proibiram isso e aquilo, mas agora vou fazer do jeito que sonhei! Gritaram que eu era um "nada", então vou mostrar para eles quem eu sou! Fizeram-me sentir que não sou querida? Pois vão ver!*

Todos esses "planos" da criança ferida dentro de você, os gravados negativos, podem virar compulsões – vícios em trabalho, drogas (álcool, cigarro, narcóticos, remédios), alimentos em excesso, internet, sexo, jogos de azar, esportes, procedimentos estéticos arriscados –, comportamentos automáticos e repetitivos. Trata-se de mecanismos inconscientes que são acionados toda vez que você sente que não consegue dar conta de algo, pois daí foge para essas compensações a fim de aliviar a tensão, escapar das aflições e da frustração.

Vamos para a vida adulta acreditando que somos assim mesmo e que foi isso que nos fez "sobreviver" de alguma maneira para crescer (e, se estiver dando tudo certo até então, é capaz de você nem desconfiar de que não sejam comportamentos saudáveis). É algo muito estranho, porque disparamos os comportamentos automáticos e não conseguimos pará-los, de acordo com a nossa programação infantil. Até queremos fazer diferente, mas a tarefa se torna quase impossível. Assim, criamos uma maneira de viver para garantir alguma segurança, atribuindo um motivo quando não estamos conscientes do que nos leva a agir de determinada forma: "Vou estudar todo dia, porque esta é a minha rotina!"; "Faço exercício diariamente, porque isso faz parte da minha programação"; "Não vou estudar porque não gosto". Então, simplesmente repetimos esses atos a vida toda, sem nem saber a razão, pois o cérebro está acostumado e não quer outra coisa.

E tudo isso, enfatizo (!), começa na infância. As pessoas que crescem em um lar com reforço de crenças positivas precisam aprender que o mundo lá fora nem sempre é tão bonzinho como papai e mamãe, porém tendem a ter uma autoestima boa, conseguindo administrar bem a realidade e todos os possíveis "tombos da vida". No entanto, os que vivenciam traumas e crenças negativas quando crianças acabam por atrair coisas semelhantes, ou seja, problemas e situações que envolvem a negatividade, porque é o padrão que a criança interna conhece muito bem. Em resumo, o cerne da questão é a programação infantil.

Quando eu estava com 25 ou 26 anos, uma pergunta mudou a minha vida. Apesar de parecer simples, ela me fez entender muita coisa e funcionou como um ponto de reflexão permanente: **"Até que ponto eu necessito dessa loucura (os meus gravados) para ser feliz?"**. Comecei a me questionar continuamente, refletindo sobre todos os meus comportamentos e o que eu atraía na vida, repetindo essa pergunta muitas e muitas vezes. Sempre que participava de um curso, quando conseguia identificar as minhas crenças negativas, levava as descobertas para a psicóloga e os meus mentores, instigando-os: "O que você me diz sobre isso?". Era uma discussão que estava dentro de mim, na verdade, mas eu precisava de ajuda para entender um pouco melhor. O que eu não enxergava era que o meu destino estava nas minhas mãos e que eu podia escolher o caminho do bem – algo que eu queria, só não sabia como. A resposta estava em mim, o tempo todo; eu só precisava decidir vê-la. É o mesmo que acontece quando um paciente me traz uma inquietação e precisa que eu a resolva. Sinto como se tivesse que calçar os sapatos do outro para poder observar o mundo com o seu olhar e ajudá-lo, entrar no seu universo, sabe?

Permanecemos aprisionados na história da nossa infância de qualquer jeito, fazendo completamente igual ou completamente diferente, até que entendamos que as crenças influenciam de maneira significativa a nossa percepção e os nossos sentimentos. Quando trabalhamos isso internamente, é possível entender e ter outras oportunidades. Contudo, esses sentimentos chegam muito rápido, e a resposta que damos a tais crenças influenciam a forma como vemos e interpretamos a realidade.

Essa dinâmica é muito clara quando consigo me sentar com o meu filho e brincar com ele para que entenda algo, abrindo espaço para o diálogo, porque as crianças não falam certas coisas. É importante dialogar, mas nem sempre a fala vem do diálogo; muitas vezes ela vem da brincadeira, e é com as revelações feitas e as reações dos cuidadores que as crianças aprendem em quem podem confiar. Mesmo que tenhamos que definir regras e até falar com mais firmeza para nos posicionar e deixar as coisas estabelecidas, ajustando condutas (até para preparar a criança para a vida em sociedade), é essencial manter autocontrole, pois as suas crenças pessoais a influenciam. Olhar esses pontos e descobrir como vivemos na infância é determinante para que o lar atual seja uma versão positiva e melhor de nós mesmos, de modo que vivenciemos aprendizados e possamos construir um ambiente saudável para os nossos filhos amadurecerem e crescerem. Contudo, não podemos também nos cobrar demais. Lembre-se: **NÃO EXISTE FAMÍLIA PERFEITA.**

Entender tudo isso me impactou muito. Eu vivi uma verdadeira transformação nas relações, na minha carreira e na família que construí; o nome dessa transformação é psicologia e autoconhecimento.

Busquei muitas coisas na vida. E logo me dei conta de que descobrir quem somos de verdade é uma jornada que requer disciplina, coragem e vontade de sermos melhores, seja como cuidadores, parceiros, amigos, filhos ou profissionais. Talvez essa jornada seja desafiadora, mas garanto:

Convivendo com o pior inimigo

é libertadora. O cérebro tem uma capacidade enorme de focar as nossas fraquezas, e acabamos não valorizando as nossas qualidades (muitas vezes, nem as vemos). E sem autoconhecimento é difícil reconhecer todo o potencial que temos. Na minha casa, eu tinha referências importantes para buscar o que queria, passei por muitas coisas que fizeram parte do meu autoconhecimento.

Ao ler nesta obra o relato da minha experiência de vida, espero que você possa se sentir inspirado a refletir sobre si mesmo e a sua história. Apesar de tudo, os meus pais tiveram acertos, e consegui conquistar muitas coisas. Mesmo assim, chegou um momento em que percebi que tinha tudo, mas me sentia um nada. Parece que precisei chegar ao fundo do poço para descobrir de fato do que precisava. Quanto mais eu cavava, mais me sentia um nada.

Nesse caminho, fiquei sem falar com o meu pai por dez anos. Assim como eu, talvez você também tenha vivido momentos difíceis. E é neles que muitas vezes nos perdemos, nos afastamos de quem realmente somos, buscando prazer de maneira prejudicial para nós mesmos e para os outros.

Como já sabemos, internalizamos os nossos pais sem perceber e, quando temos filhos, é ainda mais fácil identificar esses pais dentro de nós. Quando vamos educar, frases e palavras do passado vêm à nossa cabeça de maneira automática. De repente, pensamos coisas como: *Estou falando exatamente como mamãe; Meu Deus, fiz igual papai fazia comigo; Eu odiava quando mamãe fazia isso, mas estou igualzinha.*

Quero dizer que, mesmo que você acredite que não internalizou os seus pais, sugiro que pense nos seus comportamentos por alguns minutos e perceba que os imita sem perceber, mesmo que não queira. Sim, é automático. Ou talvez faça algo totalmente diferente e, sem perceber, está sendo vítima dessa programação.

Quando criei o Transborde, percebi que faltava algo. Havia idealizado esse curso para as pessoas criarem caminhos neurais positivos, com dinâmicas de alto impacto emocional, para que pudessem agir onde realmente desejavam transbordar. Vi que não se tratava apenas de criar um caminho positivo, ensinar a coragem, mostrar que todos podiam fazer o que queriam, pois os pacientes acabavam sempre travando nas emoções infantis, ficando presos a elas. Percebi que precisavam identificar quais eram esses comportamentos que traziam da infância, precisavam nomeá-los, assim como as atitudes e repreensões que gravamos, o que denominei gravados negativos.

Quando você obtiver a consciência da chave desses gravados, de onde eles vieram e por que você faz o que faz, será livre para escolher e ser você mesmo, para optar por uma vida positiva, com mais amor e entusiasmo. Mesmo sabendo que a vida não dá nenhuma garantia do amanhã, ter autoconhecimento é ter a certeza de algo positivo, é saber que existe algo além da Psicologia, uma energia que, quando nos conhecemos, conseguimos atrair. Quando mudamos os nossos pensamentos e a nossa percepção do mundo, essa energia se abre para nós, como se o mundo sorrisse e nos abraçasse.

É preciso ter consciência do que você vive, do que você realmente é, da sua identidade total, porque a percepção de si e de quem você deve ser pode estar bem distorcida. Você se enxerga de determinado modo, em geral negativo, e é difícil se ver de outra maneira, mudar pensamentos. Quando percebi isso, entrei em um processo profundo, emocional, e agora posso afirmar que o autoconhecimento é possível; basta ter consciência, dinâmicas poderosas, vontade e método para que a cura chegue a você assim como aconteceu comigo.

TENHA SONHOS E ACREDITE NO IMPOSSÍVEL.

Quando completei 18 anos, decidi que não falaria com o meu pai, que tinha me causado diversas mágoas. Passei dez anos sem ouvir a voz dele e perdi muito nesse tempo. Mas foi a busca pelo autoconhecimento que me salvou.

Acredito realmente que existe um propósito para cada pessoa. Acredito por completo nisso! Muitos falam coisas como: "Ah, não existe propósito, tem que ir lá e fazer!". Não creio que seja assim; a ação é, sim, importante, mas deve estar ligada ao propósito daquilo que se quer viver. Porque tudo que vivi foi um processo intenso e necessário, de um movimento de menos culpa, de menos medo, de menos compulsão, de tudo isso, e fui melhorando um pouco a cada dia. No decorrer dessa estrada, comecei a ministrar cursos e a trabalhar em vários institutos e percebi que o medo faz parte, mas existem muitas técnicas (que hoje ensino na formação Treinador do Futuro) que possibilitam desbloqueios emocionais, com a certeza de que juntos conseguimos fazer muito mais do que sozinhos.

Vislumbrei um caminho para sair desse emaranhado de emoções, com modelos de comportamento e mecanismos que já estão dentro de nós, só precisam ser localizados. Porém, isso dói muito. Enxergar você mesmo, tudo que é bom e ruim, é bem desafiador. Mas a única solução é decidir melhorar. É preciso olhar para você sem julgamento e ver a sua história. Muitas vezes, contamos uma historinha para nós mesmos, a repetimos sem parar e acabamos acreditando nela. E isso não faz a gente avançar. Faz com que paremos no tempo ou fiquemos como um cachorro correndo atrás do próprio rabo, sabe? E as coisas não andam. Comigo foi assim: quanto mais eu estudava, quanto mais cursos fazia, quanto mais coisas eu enxergava e quanto mais entendia algum ponto, mais parecia que sempre faltava algo a ser entendido, pois me faltava autoconhecimento.

É ESSENCIAL PERCEBER QUE O QUE SOU HOJE SE DEVE AO CAMINHO QUE ESCOLHI SEGUIR ONTEM PARA SER CURADA.

Costumamos procurar fora o que já está dentro de nós. Atendi muitos empresários que tinham bastante dinheiro, mas estavam infelizes. Chamo isso de síndrome da semente. Conhecendo a história deles, percebi que procuramos a verdade caminhando pelo mundo, tentando fugir do que somos, trabalhando exaustivamente e nos escondendo atrás das nossas maiores dores.

Às vezes, é difícil nos enxergarmos sem todas as camadas que construímos para nos proteger do mundo e das pessoas. Mas, para realmente nos conhecermos e nos aceitarmos, precisamos ser corajosos o suficiente para deixar essas camadas de lado e nos mostrar ao mundo como realmente somos, por mais que isso possa ser assustador; quando nos mostramos vulneráveis, abrimos a porta para a possibilidade de sermos rejeitados, julgados e magoados. No entanto, precisamos ser vulneráveis e, muitas vezes, precisamos fazer as coisas sem a menor garantia de retorno, como investir em um relacionamento que talvez não vá dar certo, mesmo tendo crenças como "homens não prestam" ou qualquer outra.

A chave para uma vida sem limites

Se queremos viver mais plenamente e com outras possibilidades, precisamos estar dispostos a arriscar, a nos entregar, mesmo que isso signifique nos machucarmos em algum momento. Afinal, como diz a canção de Roberto Carlos, "Se chorei ou se sorri, o importante é que emoções eu vivi".[18] Não devemos parar diante de experiências negativas, mas sim procurar nos curar ou mesmo melhorar. A vulnerabilidade pode ser assustadora, no entanto é apenas por meio dela que podemos nos conectar verdadeiramente conosco, com quem amamos, com quem convivemos, e experimentar a beleza da vida.

Nessa busca, eu logo notei que costumava atrair pacientes parecidos comigo, que me mostravam para onde eu precisava olhar de maneira mais atenta e como isso poderia ajudar muitas pessoas a se curarem, porque eu conhecia os mesmos conflitos. Percebi que, nesses pacientes, o maior e mais profundo medo era o do abandono. Só que isso é muito inconsciente e, sem consciência, vamos construindo um amontoado de coisas sem sentido ao nosso redor. Porque todas as inseguranças vêm com uma ferida, o que pode fazer com que, por fora, a pessoa tenha construído uma espécie de "armadura", sendo forte e implacável em muitos aspectos, inclusive no poder financeiro.

É terrível mostrar isso a alguém, mas a mágoa profunda de algo que aconteceu na infância nos leva a tomar decisões que nos movem intensamente. Com o sofrimento, uma decisão é tomada e impulsiona o movimento, pois sentimos a dor profunda, mas não queremos senti-la. Só nos resta a raiva, que dá muito poder. É como uma cena épica do filme *E o vento levou...*,[19] quando a personagem principal, que perdeu tudo – uma vida maravilhosa, cheia de riquezas e luxo – se vê imersa na miséria, em meio a uma guerra sem precedentes, mas brada aos quatro ventos: "Jamais sentirei fome de novo!".

Nas biografias de importantes personalidades, há histórias de profunda transformação. Na maioria delas, alguém passou por algum sofrimento,

---

[18] EMOÇÕES. Intérprete: Roberto Carlos. *In*: EN VIVO. Rio de Janeiro: Amigos Records, 2001.

[19] E O vento levou. Direção: Victor Fleming; George Cukor; Sam Wood. Estados Unidos: Loew's Inc., 1939 (238 min).

então conquistou o que queria, com esforço extremo. Por quê? Porque você precisa dessa energia intrínseca. Porque a raiva cobra, dá forças, motivação. A mágoa é convertida em raiva para que você se defenda. Você se sente triste e, ao mesmo tempo, a raiva já vem para impulsioná-lo.

Contudo, a raiva não basta. Só com ela, sem busca interna, você vai chegar aonde quer e, só então, se dar conta de estar se sentindo do mesmo jeito, sem mudanças, pois ainda acreditará que só pode ser amado se for inteligente, magro, bem-sucedido etc.

Novamente, procuramos fora o que está dentro, tentando preencher esse vazio emocional, e vamos atrás de mais dinheiro, mais um negócio, mais uma dose. Mais, mais, mais. É uma troca de seis por meia dúzia, visto que nada muda. Você pode correr atrás de um trabalho e de um objetivo, ou se esconder atrás de um vício em apostas; o cérebro executa o mesmo procedimento, é o mesmo caminho percorrido. Se você não estiver bem, se não tiver uma percepção positiva de algo, não ficará bem. E tudo isso nasce do medo. Medo do quê? De ser abandonado, de não ser bom o suficiente, de não ser aprovado pelos outros. Vamos nos aprofundar nesse ponto mais adiante, ao tratarmos das causas do sofrimento.

TENHA SONHOS E ACREDITE NO IMPOSSÍVEL.

A chave para uma vida sem limites
@psicologarosanadecleva

CAPÍTULO 3:

OS PORQUÊS

As experiências na infância podem acabar com a confiança de alguém e levá-lo a duvidar da própria capacidade.

Crescer em um ambiente com críticas constantes pode gerar o medo de nos expor. Falta de apoio, sucessivas mensagens negativas dos cuidadores, comparação frequente entre irmãos e/ou amigos: tudo isso é um golpe direto na autoconfiança, fazendo com que estabeleçamos padrões muito elevados para nós mesmos e, por consequência, tenhamos o sentimento de nunca estar à altura das expectativas.

Se foi esse o seu caso, se você enfrentou uma série de rejeições, talvez esteja agora mesmo acreditando que nunca conseguirá se livrar dessas crenças. Mas eu acredito em você. Venha comigo para descobrir um pouco mais sobre as suas raízes emocionais.

CRENÇAS OU GRAVADOS NEGATIVOS

Quando eu estava no ensino médio, os meus pais começaram um processo de separação. Eles tinham acabado de me trocar de escola, da pública para a particular. Nessa época, eu sofria muito e apanhava dia sim e o outro também. Não bastasse isso, o impacto da troca da escola foi extremamente difícil. O que mais me afetou, na verdade, foi a rejeição de uma única amiga, que havia conquistado na nova escola, pois eu já sofria uma rejeição em casa.

Essa amiga, que compartilhava da mesma história que a minha (pais separados) era tudo que eu tinha naquele momento. Nossas conversas haviam me ajudado muito, pois não me sentia aceita por toda a turma, ao longo dos anos, até por ser novata. Algumas vezes, inclusive, fui alvo de chacota, o que fez com que me retraísse cada vez mais. No entanto, por algum motivo do qual não me lembro ao certo, ela se afastou de mim, e eu não entendia que eu mesma tinha atraído aquela situação, com a minha energia, os meus comportamentos e as minhas palavras.

Por muito tempo, me senti completamente excluída, o que trouxe prejuízos para o meu aprendizado e grande dificuldade para concluir o ensino médio. A falta de amizades sólidas e de apoio emocional me levou a recorrer precocemente ao álcool, como se aquela fosse a única alternativa para me soltar e me divertir.

Um artigo publicado na revista científica fluminense *Estudos e Pesquisas em Psicologia*, em 2015, indica que esse grupo de pessoas – que se sentem rejeitadas, excluídas e indesejadas –, durante a adolescência, apresenta risco maior para delinquência, abuso de substâncias, evasão escolar e depressão. O estudo aponta que a rejeição entre pares, especialmente no contexto escolar, entre colegas de idade similar, "é um problema comum na infância, sendo que aproximadamente 12% das crianças atingem critérios sociométricos que as enquadram nessa categoria". As pesquisadoras recorreram à literatura internacional, pois afirmam ter encontrado apenas outros seis estudos nacionais sobre crianças rejeitadas pelos pares, por mais que o tema seja comum nos atendimentos clínicos, e destacaram que "aproximadamente metade dos alunos rejeitados apresenta um perfil de comportamento agressivo, ao passo que a outra metade é caracterizada pela dificuldade em outras habilidades sociais, apresentada como comportamentos passivos e de timidez".[20]

Esse sentimento de rejeição funciona como uma porta para o transtorno de ansiedade e a depressão. Se ele for recorrente e a criança não tiver com quem conversar sobre isso em ambiente algum, o efeito negativo será acentuado. No meu caso, além da rejeição dos colegas, eu não me sentia acolhida no ambiente familiar. Nenhum dos cenários era de

---

[20] IZBICKI, *et al.* Rejeição entre pares. **Estudos e Pesquisas em Psicologia**, Rio de Janeiro, v. 15, n. 2, jul. 2015. Disponível em: http://pepsic.bvsalud.org/scielo.php?script=sci_arttext&pid=S1808-42812015000200018. Acesso em: 6 ago. 2024.

todo ruim: a escola era boa e, em casa, não me faltava alimento; contudo, a sensação de ser indesejada era reforçada pela consciência de ter sido abandonada pelo pai, uma situação que depois descobri ser comum no Brasil. Considerando dados de 2023, nada menos que 172,2 mil crianças nascidas no Brasil foram registradas apenas com o nome da mãe, conforme levantamento divulgado pela Associação Nacional dos Registradores Civis de Pessoas Naturais (Arpen Brasil).[21] Vale lembrar ainda que, entre 2005 e 2015, o país ganhou 1,1 milhão de famílias compostas de mães solo, conforme informações do Instituto Brasileiro de Geografia e Estatística (IBGE).[22] E esse número vem se ampliando, já que, também segundo o IBGE, o número total de separações em 2022 foi o maior da série histórica iniciada em 2007.[23]

Devo salientar que as crenças negativas se originam não somente da privação, mas também de falas ou acontecimentos negativos, como situações de *bullying*, ou da superproteção – dos extremos, na verdade. Os pais que deixam a criança fazer tudo que quiser, que a mimam demais, levam-na a acreditar que tudo deve ocorrer segundo a sua vontade e que ela não precisa se esforçar para conseguir as coisas. Essa criança superestima a sua própria importância e começa a desenvolver gravados como: "Sou sempre bem-vinda"; "Consigo tudo o que eu quero"; "Mereço tudo"; "Sou mais forte que todos"; "Sou o máximo". E, à primeira vista, isso pode parecer positivo, certo? Quase um amor-próprio exacerbado. Porém, o lado negativo desses gravados se evidencia, por exemplo, nas relações amorosas. Uma pessoa que cresce com esses pensamentos, ao ser rejeitada,

---

[21] SCHREIBER, A.; HILL, F. P. Averbação de paternidade no registro civil: proteção da criança e do adolescente. **Consultor Jurídico – Conjur**, 10 ago. 2024. Disponível em: https://www.conjur.com.br/2024-ago-10/averbacao-de-paternidade-no-registro-civil-protecao-da-crianca-e-do-adolescente/. Acesso em: 29 set. 2024.

[22] VELASCO, C. Em 10 anos, Brasil ganha mais de 1 milhão de famílias formadas por mães solteiras. **G1**, 14 maio 2017. Disponível em: https://g1.globo.com/economia/noticia/em-10-anos-brasil-ganha-mais-de-1-milhao-de-familias-formadas-por-maes-solteiras.ghtml. Acesso em: 29 set. 2024.

[23] MARTINS, A. Número de divórcios no Brasil bate recorde e chega a 420 mil, mostra IBGE. **Exame**, 27 mar. 2024. Disponível em: https://exame.com/brasil/numero-de-divorcios-no-brasil-bate-recorde-e-chega-a-420-mil/. Acesso em: 29 set. 2024.

principalmente nos primeiros relacionamentos, entra em um desespero enorme, não consegue lidar com aquilo. Ela começa a não se encaixar na comunidade porque não entende o que está acontecendo, por se sentir tão especial e melhor que os outros.

NÃO SE SENTIR BOM O SUFICIENTE

A maioria de nós já teve a sensação de não se sentir suficientemente bom em algum momento da vida, considerando-se inútil ou desajeitado. Normalmente, à medida que crescemos e as coisas vão dando certo, ganhamos confiança e seguimos mais seguros para novos processos de vida.

E quem sofreu algum trauma, viveu relacionamentos conturbados, em cenários muito agressivos e opressores? Essas situações são gatilhos fortes para transformações profundas, podendo levar a adultos que são grandes empreendedores, obstinados trabalhadores e até milionários e celebridades, que alcançam o sucesso financeiro e pessoal, ou a seres humanos bastante perturbados. Elas são o que chamamos de **raiz emocional**, uma parte muito profunda e geralmente inconsciente de nós, algo que não queremos mostrar para o outro, mas que determina a nossa identidade e como potencializaremos o futuro, sendo a origem do êxito ou do fracasso.

É importante identificar a sua raiz emocional. Imagine que alguém comentou que você é uma pessoa agressiva ou prepotente, o que não parece ser verdade, pois você sempre apresentou comportamentos opostos. Mesmo sabendo que não é verdade, dói muito quando alguém diz isso a seu respeito; no fundo você acredita nessas palavras, já que elas fizeram parte de uma experiência de infância. Essa é a sua raiz emocional, aquilo que você não deixa ninguém ver – muitas vezes, nem você mesmo. No meu caso, eu me sentia inútil, burra, fraca, um nada. Por esse tipo de crença estar bastante internalizada, é até difícil perceber como ela dói. É preciso identificar aquilo que mais dói; só assim é possível entender a sua programação, encontrar essa raiz e ter o poder de escolha na vida.

Segundo a Psicanálise, dos 6 meses até os 6 anos, as crianças desenvolvem a capacidade de expressar uma maior variedade de emoções e começam a entender as dos outros, aprendendo também a regular as próprias e a lidar com as frustrações e os desafios emocionais. Até os 6 anos, a criança atravessa uma fase crucial, em que as experiências e os aprendizados impactam profundamente as interações futuras e a habilidade de lidar com emoções ao longo da vida. É no contexto das relações de vinculação que ela começa a formar os alicerces das conexões emocionais e mentais. Já a partir dos 6 meses, ela começa a reconhecer e expressar emoções básicas, como alegria, tristeza e medo, e vivencia as primeiras experiências de empatia. Esses modelos iniciais de interação influenciam tanto as expectativas que a criança desenvolve em relação aos outros quanto a confiança que constrói em si mesma.[24] A partir dos 6 anos, a fase muda; ou seja, a criança alcança uma compreensão mais complexa das emoções e passa a ter uma percepção diferente dos pais e do mundo, vivenciando experiências e, a partir delas, aprendendo a tomar decisões que definem quem ela será, estabelecendo a raiz emocional. Muitos pacientes, por exemplo, tendo vivido algum tipo de escassez na infância, escolheram o extremo oposto, tornando-se milionários, para mostrar ao mundo e a si mesmos o contrário do sentimento vivido na infância. A raiz emocional deles tem a ver com alguma experiência ligada à pobreza e à falta de recursos.

A raiz emocional pode se revelar de maneira positiva ou negativa, mas sempre com foco em fazer com que a dor inicial desapareça. E nem sempre essa dor será causada por um trauma grande e óbvio; pode ser apenas uma cena que o marcou, um comportamento simples do seu pai, da sua mãe, de algum parente ou amigo, uma situação quase que cotidiana, um aprendizado – normalmente por volta de 6 a 9 anos, que é a fase cognitiva, quando começamos a ler e escrever. A partir disso, é natural que você faça de tudo para resolver essa dor, mostrando a todos que é capaz de encontrar outros caminhos e "escapar" daquele sofrimento. Você decide o que acontecerá na sua vida, estabelece o próprio padrão a ser seguido, seja isso feito de modo consciente ou não.

---

[24] FERREIRA, P. S. de O. **A relação entre a qualidade da vinculação e o desenvolvimento emocional de crianças em idade pré-escolar**. Dissertação (Mestrado em Psicologia Clínica) – ISPA – Instituto Universitário, Lisboa, 2014. Disponível em: https://core.ac.uk/download/pdf/70653444.pdf. Acesso em: 14 jan. 2025.

A chave para uma vida sem limites

Apesar de tentar fugir o tempo todo dessa dor, ela comandará a sua vida, geralmente de maneira inconsciente, até que seja feito um trabalho de autoconhecimento e conscientização. Feche os olhos e reflita: o que marcou a sua infância por volta dos 6 a 9 anos? Você se lembra de alguma cena dessa época que possa ter marcado a sua vida? Escreva nas linhas a seguir, para que possa refletir novamente ao ler pela segunda vez o livro ou mesmo este capítulo:

É essencial trazer essa cena para o consciente, ter a real percepção para entendê-la melhor e descobrir como ela disparou algum comportamento que você acabou trazendo para a vida adulta. Muitas vezes, você percebe estar travado em algum ponto da vida e não sabe o que aconteceu, mas basta procurar a raiz.

Vulnerabilidade é outro componente importante desse processo de rever as dores e ressignificá-las. Às vezes, não nos sentimos bonitos o suficiente, ricos o suficiente, magros o suficiente, bons o suficiente. Esses pensamentos nos remetem a uma sensação de baixo valor, porque são inseguranças e, no fim das contas, se resumem ao medo de nos sentirmos vulneráveis. Você quer fazer algo e logo pensa: *Vão me julgar, vão me criticar, vão me...*, por isso desiste antes mesmo de tentar, o que o impede de avançar na sua evolução e se testar em competências e possibilidades. É apenas por meio da tentativa e do possível erro que você conseguirá vencer esses pontos de paralisação, absolutamente comuns na maioria dos seres humanos. Encarar o medo e as inseguranças nos fortalece, por mais que nem sempre seja simples. Permita-se a possibilidade de errar.

Se fugirmos para sempre do erro, da tentativa, recorreremos a uma fuga psicológica, vivendo na fantasia. Talvez até tenhamos consciência dessa fuga, dizendo para nós mesmos, ao nos depararmos com situações ruins: "Não quero mais passar por isso, quero fugir disso tudo!". Desse modo, acabamos anestesiando essa dor por algum tempo, porém é preciso encará-la em algum momento e curá-la definitivamente. Nesse processo, vamos, aos poucos, começar a reconhecer o nosso próprio poder, aproximando-nos cada vez mais do objetivo de desenvolver saúde emocional.

REPRESSÃO E RAIVA

Quando somos crianças, fazemos de tudo para agradar os nossos pais, que normalmente querem nos agradar também. Mas, às vezes, nem o que fazemos, nem o que recebemos é suficiente; há casos em que as ações de um sequer são percebidas pelo outro. Então, em determinado ponto, entendemos o que precisamos fazer para que essa relação funcione.

E como esse processo acontece na mente infantil? O que a criança fará se os pais forem muito rigorosos e esperarem competências, que o filho se esforce mais e esteja à altura das expectativas? Seja no intuito de satisfazer a si mesma ou talvez de não ser castigada, essa criança reprimirá os sentimentos e desejos que a levariam a expressar a raiva. Afinal, os pais querem que ela seja boazinha. Então, ela vai reprimindo isso sem perceber, seguindo o que os pais querem que faça, para ser aceita ali naquele ambiente, por aquela família. E, para ser aceita, a criança precisa copiar o comportamento dos pais e fazer o que esperam dela.

Todos passamos por esse processo, em um nível ou outro. No seu caso, quem ensinou que você era incapaz de criar o futuro que deseja? Quem ensinou que você era incapaz de lidar com tarefas difíceis? Como aprendeu isso? Por muitas vezes, acabamos gravando esses comportamentos na infância, a partir de comentários e ações dos nossos pais, por mais que venham de um lugar de amor. É bem comum que os pais ensinem aos filhos que estes são incapazes de lidar com tarefas difíceis, com a dor, com o sofrimento e, assim, eles internalizam vícios e autocrítica.

DURANTE A NOSSA VIDA, EXPERIMENTAREMOS RAIVA, MESMO QUE DE MANEIRA INTERMITENTE. ESSA EMOÇÃO É INEVITÁVEL E NATURAL, E DESEMPENHA UM PAPEL IMPORTANTE EM DIVERSOS ASPECTOS, POIS NOS AJUDA A ESTABELECER LIMITES, DESAFIAR PARADIGMAS E PROPORCIONA A FORÇA E A ENERGIA NECESSÁRIAS PARA ENFRENTAR E SUPERAR INÚMERAS SITUAÇÕES.

Os pais e educadores frequentemente reprimem demonstrações de raiva na frente dos pequenos, dificultando que eles aprendam a reconhecer emoções e, por consequência, a identificá-las em si. Se a criança chora porque caiu e tem um acesso de raiva, é comum ouvir: "Não foi nada! Está tudo bem!". No entanto, o sofrimento é autêntico, mesmo sem ferimento físico – pode haver uma dor emocional e até vergonha. Se ela caiu e o joelho doeu, fale sobre essa dor, que é verdadeira para ela.

O ideal é que validemos os sentimentos das crianças, para que elas possam identificá-los e gerenciá-los naturalmente. Quando os pais e cuidadores não fazem isso, acabam por invalidar a criança em si, não apenas os sentimentos dela; e a criança grava isso, aprendendo a invalidar a si mesma e os outros, pois, quando precisou, a sua dor foi ignorada e ela ouviu coisas como: "Você não vai dar em nada!"; "Você nunca faz nada direito!"; "Você é um monstro!"; "Você é igual à sua mãe!"; "Você é igual ao seu pai!".

Essas falas – algumas até aparentemente inocentes na hora da raiva – tornam-se crenças de autoinvalidação na cabeça de quem ouve, fazendo com que essa pessoa desista de si mesma e crie uma resistência enorme a procurar ajuda. É comum isso acontecer, pois invalidar o seu próprio eu é dizer a si mesmo: "Não mereço amor"; "Não mereço felicidade"; "Não mereço dinheiro". Mais uma vez, entramos na própria neurose e não nos permitimos aceitar ajuda. Desse jeito, nada muda.

Para validar o seu filho, você pode dizer algo como: "Onde está doendo?"; "Você ainda está chateado?"; "Está tudo bem você estiver com dor ou com raiva, eu entendo esse sentimento. Vamos fazer um exercício de respiração, vamos conversar sobre isso, com calma"; "Quando estiver com raiva e não conseguir lidar com isso, vamos combinar que você vai para o seu quarto ou vai dar uma volta de bicicleta, até passar esse mal-estar e, depois, se quiser, podemos falar sobre isso".

Essa conversa com a criança é importante para que ela não reprima essa raiva, que é o que geralmente acontece. Mascarar a dor leva à repressão, e ela é empurrada para debaixo do tapete, sem sumir de fato. E por que é importante falar sobre isso? Porque a criança precisa demonstrar essa inteligência para os pais, que querem que ela seja educada e tenha competências, mas como ela demonstrará os sentimentos "ruins", como a raiva, se aprendeu que isso é algo que uma criança "boazinha" não faz? Se os pais ensinam que isso é "feio", ela fica confusa, visto que sente algo que dói, porém não tem as ferramentas para expressar essa dor.

É essencial validar as emoções (tristeza, alegria, frustração, nojo, medo, ansiedade etc.) e conversar sobre elas, identificando-as e mostrando que são naturais e podem ser administradas, sem escondê-las dentro de si. É muito saudável registrar momentos no dia a dia, marcando essas emoções: "Você está triste hoje? O que aconteceu? Vamos conversar!"; "Vi que está alegre hoje! Que bom! Quero saber por quê!"; "Ficou chateado com suas notas? Vamos estudar mais, então! Ajudo você nas dúvidas que tiver, ou podemos procurar a professora!". Essa prática de encontrar soluções juntos faz com que a criança entenda que há esperança e que ela não está sozinha na tarefa de encontrar saídas para os desafios! E, como tudo que conversamos até aqui, isso se reflete na vida adulta: o herói da sua história é você, porém você não está sozinho na jornada da autocura.

Além disso, é importante que nós, enquanto cuidadores, levemos em consideração tudo que a criança diga, independentemente se julgarmos ser mentira, pois para ela é verdade e faz sentido. A importância de estarmos presentes na vida dos nossos filhos se fez muito clara, para mim, na adaptação da minha filha de 5 anos na escola, aqui na China. Em um ambiente onde a prática de bater nas crianças ainda persiste como método de disciplina, me dei conta de como o impacto das experiências externas pode influenciar diretamente a maneira como as crianças enxergam o mundo e constroem as próprias crenças. Ao me contar que um colega de classe dela que era "muito chato" e batia em todos, inclusive nela, e era punido por isso, percebi que ela havia internalizado uma regra que parecia contraditória aos valores que buscamos cultivar em casa: "Bater é bom, porque às vezes é necessário". Fiquei refletindo sobre o poder da nossa presença e do exemplo que damos. Mesmo quando as crianças estão expostas a comportamentos diferentes, nossa constante orientação é essencial para ajudá-las a discernir o que é certo. Essa situação me reforçou a importância de sempre dialogarmos com nossos filhos, fortalecendo os valores que queremos que eles carreguem, e de estarmos presentes não somente física, mas emocionalmente, para guiá-los por meio dos desafios do dia a dia.

Mas qual crença poderia estar por trás disso tudo? E qual poderia ser a crença criada a partir dessa experiência? Talvez ela possa entender que não deva se defender ou ter vontade própria, nem ficar com raiva, e que é preciso se adequar. E isso se torna algo grande, muito grande. Por mais que pareça uma coisa simples, toda a nossa personalidade se molda a partir dos sinais que entendemos, dos padrões e "verdades" que definimos e em que passamos acreditar.

Durante um evento, convivi com um ex-atleta que, mais tarde, acabou tirando a própria vida. Ele se superou na carreira, mas não conseguiu lidar com algumas adversidades. Fiquei tão chocada, que procurei entender melhor qual havia sido o gatilho. Pensava: *Qual seria a sua dor? O que poderia estar acontecendo com ele?* Eu o tinha encontrado poucos meses antes, passamos o final de semana juntos, e ele me parecia pleno e feliz. Quando era criança, os pais o poupavam de qualquer notícia que pudesse trazer algum conflito à sua performance. Ele treinava desde pequeno e foi crescendo isolado, fechado em uma bolha, na qual nada de ruim acontecia. Se alguém morria, não contavam para ele; se havia uma separação na família, ninguém comentava.

Então, na verdade, o que os pais fizeram? Eles ensinaram que isto era o certo: esconder os problemas embaixo do tapete, onde ninguém pudesse ver. Ao passar por uma grande dificuldade emocional e se separar, o rapaz não conseguia conversar com ninguém, não partilhava isso. Para alguns, chegou a dizer que estava superbem, tranquilo, feliz. A crença "não falamos sobre problemas nesta casa" resultou no fim de uma vida brilhante e promissora.

Quando as pessoas determinam comportamentos muito rigorosos em relação a algumas coisas, criam crenças. Não existe uma regra, mas basicamente quanto mais flexível você for, melhor para as crianças, que aprendem essa flexibilidade e a análise de cada cenário que se apresenta. E é vital repetir e repetir, para fixar os conceitos e os seus exemplos de solução para os problemas que aparecem.

Alguns dizem que copiar os pais é uma maneira de perdoá-los e até justificar o que fizeram (e fazem) e os seus modelos de comportamentos. Não acredito nisso. Entendo que é, sim, uma forma de você entrar na sua casa de infância e se aceitar. Porque a criança faz de tudo para ser aceita. Por exemplo, se o pai soltar um palavrão ou gritar, a criança registrará esse comportamento e o imitará. Quando ela gritar, se verá como o "amorzinho do papai, que fez igualzinho a ele". Mesmo se o pai disser: "Não pode gritar! É feio!", ela ainda gritará mais alto e melhor da próxima vez, porque só quer que a aceitem, então precisa imitá-los. O inconsciente familiar ensina mais do que as palavras ditas.

Esse processo é bem inconsciente. É como se a criança falasse: "Veja, papai, eu sou exatamente como você. Agora você me ama?". É o que tratamos anteriormente como inconsciente familiar, pois não aprendemos pelo que eles falam, mas pelo que fazem. O que os pais dizem é importante, mas a maior parte das crenças (positivas e negativas) são produzidas a partir da ação do modelo, que se evidencia. É pelo exemplo. Muitos pacientes defendem essa mãe e esse pai, pois, caso reconheçam de fato a falha cometida pelos adultos, terão que se condenar também, e isso é difícil de encarar.

Todas as situações são relevantes e imprimem algum conceito para a formação da personalidade dos pequenos. Lembro que dizia para a minha mãe que queria ir a um parque de que gostava muito. Ela sempre respondia que não e que o outro parque era mais legal. A minha opinião não tinha relevância alguma. Mas eu não podia ficar brava, porque estava saindo para brincar. Como é que eu poderia ficar brava? Como poderia falar alguma coisa? E aí criei a crença de que não poderia ter vontade própria. A maioria das pessoas tem essa crença, porque "mamãe e papai sabem tudo, e devo lhes obedecer". Com esses e outros momentos semelhantes, internalizei que não conseguia nada do que queria quando era boazinha, então comecei a ser rebelde, pois assim eu recebia atenção, por mais que fosse negativa, e sentia que existia e pertencia àquele núcleo familiar.

Somos seres interdependentes, afinal. Precisamos pertencer a um grupo, seja social, escolar, religioso ou esportivo. Não existe "ficar sozinho", não é compatível com a nossa natureza. Precisamos de outro ser humano. Então a mente da criança define que a família só a aceitará se ela cumprir aquele papel. E a nosso modo, cumprimos, fazendo exatamente o que eles querem ou o completo contrário, permanecendo nos atos em que percebemos receber mais atenção, pois mesmo atenção negativa é melhor que atenção nenhuma. Relembrando: esse processo é inconsciente.

Essa tendência do ser humano de querer ser aceito também pode provocar o efeito manada, de agir como todos agem para não se destacar e, portanto, para se sentir aceito socialmente. Todos caminham para o mesmo lugar, da mesma forma, ao mesmo tempo, sem viver a sua própria individualidade e potencialidade. Deixamos de ser nós mesmos, por carência e necessidade de atenção. É interessante pensar que os gênios foram aqueles que saíram desse movimento coletivo e resolveram procurar novas alternativas para desafios comuns. Leonardo Da Vinci, Einstein ou Salvador Dalí se descolaram desse grupo e brilharam como ninguém!

Contudo, chega um momento da vida em que conseguimos visualizar as nossas ações e tomamos consciência de que elas nos fazem mal ou não funcionam como imaginávamos. Decidimos, então, fazer diferente, mas somos surpreendidos ao não conseguir, pois a mudança brusca bagunça a nossa cabeça. Até tentamos mudar, porém não tardamos a retomar o comportamento antigo. Tudo nos coloca para baixo, porque inconscientemente voltamos a ser iguais, e isso não nos deixa feliz. Fica difícil pensar, e perdemos a noção que achávamos ter do que é certo e errado.

É preciso forçar muito o nosso cérebro para mudar o modo de ser, a crença do que é "certo" aprendida com os nossos pais. Tanto que, quando nos obrigamos a agir diferente dos comportamentos que temos como "negativos", logo nos damos conta de que são poucos os pontos em que nos distinguimos de fato. Aquilo tudo está na nossa programação e, se não nos conscientizarmos desses atos, nada mudará. Enquanto não aceitarmos que esse conjunto de condutas não nos pertence, não é quem somos de verdade, não podemos revertê-lo.

Infelizmente, talvez os seus pais nunca tenham sido ensinados a honrar, amar e respeitar a si mesmos. A maioria das pessoas não teve o apoio necessário para crescer emocionalmente, então acaba passando pela vida sem entender muito do que lhe ocorre e do que faz. Às vezes, nos sentimos como uma criança, outras vezes, como uma fraude. Vemos essas condutas infantis a todo instante, nas pessoas ao nosso redor (e em nós mesmos): adultos que batem o pé, exigindo algo, que ficam emburrados em vez de resolverem alguma questão com maturidade, recusando-se a conversar sobre os desafios e procurar ajuda para destravar esses nós internos. Se não temos inteligência emocional, vamos levando isso para a vida. Nem percebemos que determinada conduta está mostrando a criancinha que fomos.

Enquanto crescemos, vamos entendendo que não precisamos ser mais aquilo, que podemos aprender outros comportamentos, que é possível conversar sobre o que nos aflige, perguntar quando há dúvidas. Se não estamos sendo flexíveis, revemos a postura; se algo nos incomoda ou não está claro, temos que falar a respeito disso, com educação e respeito. Não é preciso gritar, humilhar alguém, ser mal-educado etc. Mas, se você sente que precisa recorrer a esse tipo de ação, vasculhe o seu interior. Não precisa se censurar, mas reflita sobre o que está ocorrendo, preste atenção em si. Há algo dentro de você que precisa da violência, da pobreza, dos relacionamentos ruins, dos fracassos, da raiva, do cigarro, da gordura, dos maus-tratos. E quantas vezes você já não se repreendeu por agir assim e disse que seria diferente, mas, antes de o dia terminar, comeu aquele bolo de chocolate, disse coisas horríveis a aqueles que ama, fumou um cigarro e, assim, aumentou ainda mais a sensação de estar fazendo tudo errado?

VIVENDO NA FANTASIA: FUGAS PSICOLÓGICAS E PROGRAMAÇÕES

Saber onde nasceu a nossa dor e nos esforçarmos para lembrar o que aconteceu é nos colocar em uma posição vulnerável e frágil. Dói tanto, que fazemos de tudo para que isso não aconteça. Procuramos caminhos de fuga, como compulsão por comida, redes sociais, séries e filmes, sexo, bebida, cigarro, jogos, compras, esportes... Uma infinidade de coisas que escondem a verdade sobre a vida. Porém, por mais que doa, precisamos enxergar esse lado de nós também. Quando nos recusamos a fazê-lo, é como se mergulhássemos no oceano e não quiséssemos ver os peixes lindos que existem ali. É como se viajássemos para outro país e só notássemos as dificuldades, ignorando as vistas maravilhosas.

Sempre cito o livro *O pequeno príncipe*, especificamente o trecho em que a raposa diz: "Tu te tornas eternamente responsável por aquilo que cativas". Afinal, tudo decorrente dos seus atos e das suas emoções é seu, é sua responsabilidade. Por mais desagradável que seja, pertence a você. Você precisa cuidar disso, precisa olhar para o que está acontecendo, mesmo que não queira. E quando aceita esse cenário e se pergunta algo nas linhas de "o que eu faço com o que me aconteceu?", está demonstrando autorresponsabilidade. Também precisamos descobrir como sermos positivos diante desses acontecimentos. Ao treinarmos essa percepção, desenvolvemos as ferramentas para recontar a nossa história e olhar para tudo de uma outra maneira.

Anos atrás, passei por um momento extremamente desafiador, que forçou os meus próprios limites. Eu havia acabado de me mudar para a China, com o meu marido, e estava grávida do meu segundo filho. O primeiro, que estava com 1 ano e meio, precisava de uma pequena cirurgia, porém o meu marido estava viajando a trabalho e não conseguia pedir folga. Eu estava desesperada e me perguntava: *Meu Deus, e agora? O que vou fazer?* Não confiava muito nos médicos, pois, apesar do avanço científico, ainda havia alguns pontos que exigiam atenção, o que nos deixava inseguros. A comunicação era complicada, eu não falava mandarim e muito menos inglês.

Grávida, resolvendo essa questão do meu filho e sem o meu marido para me apoiar, senti o peso de decidir tudo sozinha. Embora fosse uma cirurgia simples, ter que cuidar daquilo foi difícil demais, porque se tratava da vida do meu filho, e eu não podia esperar. Tive que sair da minha zona de conforto, e a vida me obrigou a me mover para mostrar independência e autonomia. Precisava fazer alguma coisa. Por indicação do meu médico, fui a Hong Kong, que ficava perto de onde eu morava. Chamei uma amiga para me acompanhar, mas ela também não falava nenhum dos dois idiomas oficiais.

Foi um momento para reavaliar alguns conceitos e gravados. Muitas vezes, sem perceber, a minha postura era de me sentir superior, mas não tinha clareza disso. E quando acontecia algo, como essa situação toda, a minha tendência era ir para o lado oposto e me sentir a pior pessoa do mundo, porque não contava com esse equilíbrio. Na infância, o cenário era o meu pai me batendo muito e a minha mãe permitindo que fosse assim. E fui aprendendo a lidar com isso da maneira que pude. Fui crescendo e percebendo que aquilo me fazia sentir que não era boa o suficiente. E, já na China, eu me perguntava exaustivamente: *Como vou resolver tudo sozinha, sem falar inglês, com uma criança de 1 ano e meio que precisa ser operada enquanto estou grávida de três meses, em um lugar que nem sei onde fica? Como vou explicar tudo, como vou pagar, onde vou dormir?* Só que é importante que passemos por situações conflitantes, porque elas nos trazem para um lugar de igualdade, um lugar de ser humano, um lugar onde você não é melhor que ninguém, sabe?

Apesar de alguns momentos de extrema tensão, deu tudo certo com a cirurgia do meu filho – por mais que eu tenha ficado muito mal, chorando demais! Sempre fui muito ligada às crianças, porque parei de trabalhar para ficar com elas algum tempo; decidi que queria viver a primeira infância perto delas. Depois disso, ainda em Hong Kong, passei por outra provação: recebi uma ligação informando que o exame da minha bebê havia tido resultado anormal. Seriam necessários mais exames, mas muito provavelmente eu teria que interromper a gravidez. E novamente perguntei a Deus o que deveria fazer. Era uma fase em que estávamos construindo a nossa família, um lar, uma vida. Senti que tudo havia acabado de repente. E mais uma vez eu me questionava: *O que preciso aprender com isso tudo?*

Nesses momentos desafiadores, é fundamental que percebamos a nossa própria capacidade de analisar as situações sob uma ótica diferente, pois a resposta da positividade nos faz compreender as coisas de outro jeito, faz com que entendamos melhor o presente, um momento importante, e que vejamos o lado positivo em cada situação. Existe sempre um lado positivo na dor. Olha a experiência que eu tive! Conheci outro país, resolvi os desafios que foram aparecendo, a gravidez seguiu tranquila e a minha filha nasceu saudável. Foi difícil, sim, mas saí mais forte dessa adversidade!

Sabe, fui uma criança marcada pela tristeza, sempre desejando o que parecia tão distante... Lembro que uma amiguinha dizia assim: "A minha mãe não vai deixar eu fazer tal coisa". Quando ouvi isso, percebi que a minha mãe não impunha essas barreiras, o que era um contraste com o que o meu pai fazia, pois ele restringia muito as minhas vontades. Claro, as crianças necessitam de limites, mas o limite excessivo, como já vimos, não é saudável, porque formam os gravados negativos, capazes de durar uma vida inteira caso sejam ignorados. A falta de limite, por sua vez, traz insegurança e instabilidade, fazendo com que as crianças tenham dificuldade de desenvolver o autocontrole e a autodisciplina, além de outras consequências.

Após a separação dos meus pais, ficou ainda mais difícil lidar com a minha tristeza. Era uma situação complexa, e eu sentia muita culpa, pois não entendia o cenário por completo. Para a minha sorte, é natural da criança ter uma imaginação extremamente criativa. Essa imaginação e a Lei da Atração me salvaram em muitos contextos, mesmo quando eu ainda era pequena. A minha imaginação me levou para lugares lindos e permitiu que eu vivesse uma fantasia, na qual inventei uma mãe, um pai e uma vida boa, um cenário digno de um filme. Se não fosse isso e, mais tarde, todos os cursos psicológicos de que tive o prazer de participar, o meu destino com certeza teria sido outro; talvez eu tivesse me casado com um cara maluco, usado drogas ou algo assim.

Os vícios que podemos desenvolver para lidar com essas situações ruins, sejam eles químicos ou comportamentais, liberam o neurotransmissor dopamina, o famoso hormônio da felicidade. Quando cedemos a um vício, nos livramos automaticamente da sensação de desprazer. Somos recompensados pela substância ou pelo nosso comportamento e, quando tentamos dar um basta nesse hábito, sensações de desânimo se instalam na forma de sintomas de abstinência. Por isso, trabalho muito com hipnose, meditação, mindfulness guiada, dinâmicas, bioenergética e com a Lei da Atração, pois são técnicas que possibilitam criar uma vida ideal paralela, para a qual você pode fugir de vez em quando e que, com esforço e foco, pode se tornar realidade, mas sem cair no vício.

ESSA FANTASIA EM QUE ME APOIEI FOI, NA VERDADE, UM EXEMPLO CLARO DE UM MECANISMO DE ENFRENTAMENTO DA MINHA DOR.

As crianças acessam a imaginação com mais facilidade que os adultos, pois o cérebro delas está em constante desenvolvimento, o que lhes permite fazer conexões mais livres, explorando ideias de maneira mais aberta. Além disso, não estão tão limitadas por normas sociais e expectativas dos adultos, por terem menos experiências capazes de restringir a maneira como pensam; de modo que a imaginação não é bloqueada por preconceitos ou limitações. Também não vivem sob tanta pressão como os adultos, então sonham mais. Não precisamos falar para as crianças viverem no presente, porque elas já o fazem naturalmente, o que possibilita um envolvimento completo na imaginação. O adulto é diferente e passa de um assunto para outro; e, à medida que assume mais responsabilidades e enfrenta a realidade da vida, acaba perdendo a capacidade de imaginar livremente. No entanto, é possível reavivar essa criatividade por meio das dinâmicas que apresentarei aqui para você.

Acabei me tornando uma pessoa tão positiva que pode cair o mundo na minha cabeça e eu conseguirei ver o lado bom. Isso me salvou. Na verdade, foi o antídoto daquela realidade tão ácida, triste e amarga que vivi. Mas só me dei conta disso depois de adulta, quando percebi que os pensamentos e as palavras tinham poder sobre a realidade, pois com isso consegui atrair a vida que sempre quis. Nesse processo, me dei conta de que faltava algo e cheguei a um momento em que vi que tinha tudo que queria, mas não me sentia feliz.

Segundo a neurociência, o cérebro quase não distingue a imaginação da realidade.[25] Isso significa que os pensamentos que você tem podem influenciar diretamente o seu corpo, que responde aos estímulos. Ao focar pensamentos positivos, você ativa a resposta de relaxamento, resultando em aumento do bem-estar e redução de estresse, bem como na criação de experiências futuras positivas. Contudo, o contrário também ocorre, e focar pensamentos negativos pode ser mais automático do que esperamos.

Nessa trajetória, da juventude à fase adulta, colecionei alguns relacionamentos muito tóxicos e outros que também ajudaram demais na minha jornada de amor-próprio. Em certo ponto, comecei a notar que era emocionalmente dependente. Eu precisava de alguém comigo e, uma vez que me tornei psicóloga e me conheci melhor, refleti profundamente sobre isso. Em meus relacionamentos amorosos, comecei a perceber que não sabia o que queria de verdade, e acabava atraindo o mesmo tipo de pessoa. Então, enfim, enxerguei que tinha algo errado. Eu não tinha muita ideia de como eu fazia isso, mas acabava atraindo homens parecidos com o meu pai. Não conseguia ver que projetava o meu pai em todos os meus relacionamentos. O nome disso, como já mencionamos e vamos nos aprofundar mais nos próximos capítulos, é transferência.

É difícil viver nessa ilusão e não ter consciência disso. Quando consegui trabalhar e me curar dessa transferência, enfrentando tal realidade difícil, percebi que essa programação estava gravada em mim, por isso eu não me atraía por homens intelectuais, educados, amorosos ou mais "certinhos" – eram diferentes do modelo de masculino que eu tinha em casa. Claro, essa ação é inconsciente e demora um pouco para trazê-la para o consciente. Mas, quando o fiz, trabalhei para desenvolver exercícios que possibilitassem que qualquer um entendesse, da maneira mais precisa possível, como funcionamos.

---

[25] SAPLAKOGLU, Y. É real ou imaginado? Como seu cérebro sabe a diferença. **Estadão**, 29 jun. 2023. Disponível em: https://www.estadao.com.br/ciencia/e-real-ou-imaginado-como-seu-cerebro-sabe-a-diferenca/. Acesso em: 29 set. 2024.

Permitir-se ser vulnerável é o primeiro passo para ver de fato a sua própria história. É preciso entender o que aconteceu lá na infância e na adolescência, para encontrar as respostas do que aconteceu, do que o faz feliz e de por que isso o faz feliz. E, se algo teoricamente o faz feliz, mas também o machuca, por que insistir nisso? Não são respostas fáceis, elas com frequência doem. Porém, uma vez que as temos, ficamos mais perto de nos libertarmos das nossas próprias amarras. Ouço, com frequência, alunos dizendo que querem viver algo, mas os vejo agir de modo a seguir o caminho contrário dos seus objetivos, ou simplesmente não agindo. Eles não pararam para analisar a própria história.

Quando você começa a perceber esses mecanismos, passa a se conhecer melhor, a ver os medos, as pressões externas, entende as origens dos seus hábitos e comportamentos, da falta de motivação e até mesmo da desvalorização dos próprios desejos. Você ganha, então, poder de escolha, porque o amor-próprio, a disciplina e novos comportamentos podem ser construídos. Quando nos vemos em uma série de relacionamentos abusivos, por exemplo, obtemos o poder de analisar o amor que nos permitimos desenvolver e de direcioná-lo a quem nos fará bem. Nós nos apaixonamos, mas o amor não tem nada a ver com paixão. O amor é uma construção daquilo que fazemos todos os dias. O amor envolve compromisso, inclui uma avaliação mais racional do relacionamento. No amor, você está autorizado a ser vulnerável, o que envolve uma preocupação genuína com aquilo que amamos, formando uma base sólida e duradoura.

É essencial perceber que podemos escolher. Essa é a diferença entre quem tem autoconhecimento e quem não tem. Quando você está em um relacionamento abusivo, pode ser que pense que é a única realidade possível. Que "ele é assim mesmo". É o que o seu cérebro o faz acreditar, pois lhe falta autoconhecimento. Porém, ao se aprofundar nos estudos sobre si, participar de imersões terapêuticas, fazer terapia e, por consequência, se conhecer melhor, você verá com muito mais clareza os modelos que teve e que basearam por tanto tempo a atração que sentia. Será capaz de entender esses modelos e ter escolha.

Quando tracei o comportamento do meu pai, que era rude e grosseiro, percebi que eu era grosseira como ele. Já havia percebido esse comportamento, mas de alguma maneira acreditava que era assim mesmo, que tinha nascido daquele jeito. Na verdade, trata-se de algo gravado no nosso interior, que se repete sem parar. Eu achava que aquilo era o "certo", sabe? Como já disse, muitas vezes vemos um comportamento e o julgamos como errado, esforçando-nos para fazer o exato oposto; porém, isso também é reflexo da programação recebida. Fazemos diferente devido à dor que queremos resolver, e seguimos vivendo de acordo com a história da qual fomos vítimas, sem analisá-la como deveríamos. Contudo, uma vez que tomamos consciência disso, podemos começar a nos transformar em heróis dessa mesma história.

Com os exercícios que compartilharei mais adiante, podemos mudar essa perspectiva, criando um caminho neural bom, por meio de pensamentos e palavras positivas, e estabelecendo uma nova realidade. Aprenderemos a desenvolver compaixão pelos nossos cuidadores, pois só assim poderemos alcançar a paz e a felicidade que tanto queremos e das quais precisamos. Ao trabalharmos no consciente e no inconsciente, aprenderemos a resgatar a nossa autoestima, reconhecer o nosso verdadeiro valor, restaurar e potencializar o nosso equilíbrio emocional, reduzir significativamente os níveis de tensão, bem como estimular empatia, resiliência, perdão e inteligência emocional. Com a autoconfiança fortalecida, ficará mais fácil encontrar as respostas às nossas questões e alcançar objetivos e positividade, atraindo a vida que desejamos.

Então, as crenças, as fugas, as programações impostas, a falta de autoconhecimento e de consciência de quem somos, do que podemos ser e fazer, podem nos levar para uma prisão da qual precisamos nos libertar para viver a vida em toda a sua potencialidade. Caso não o façamos, lidaremos com um desafio eterno. Enquanto não retirarmos todas as máscaras que colocaram em nós, e que aceitamos (conscientemente ou não), não conseguiremos nos libertar.

A resposta às questões existenciais parece ser sempre a mesma: autoconhecimento. Enquanto não trabalharmos o autoconhecimento, não teremos liberdade e não poderemos perseguir a felicidade, que se dilui em cada conquista. Em seguida, devemos focar sermos positivos, pois, quando vemos a positividade até mesmo nas piores situações, compreendemos

Os porquês

como administrar a vida e aprender com ela, percorrendo o caminho da felicidade. Tudo é aprendizado, afinal, mas não percebemos assim enquanto estamos infantilizados. Ficamos "brigando" com a professora em vez de entender o conteúdo da disciplina.

A maioria das pessoas têm o próprio jeito de viver, estão sofrendo, passando por inúmeros desafios, mas não acreditam que aquilo possa mudar. Por quê? Porque acham que só existe aquele jeito, por isso continuam inconscientemente no caminho do sofrimento.

CRIANÇA FERIDA E CRIANÇA ILUMINADA

O sistema de crenças da criança ferida e da criança iluminada é algo complexo e afeta a vida adulta.

Todas as crianças vivem em um mundo que não criaram, onde existem regras que não fizeram. Do ponto de vista infantil, podemos dizer que esse mundo é controlado por reis e rainhas, muitas vezes bruxas e bruxos, fantasmas, monstros e, em vários casos, até vilões agressivos e frios. Os pequenos vivem sob uma perspectiva limitada, sempre acreditando que os pais e outros adultos sabem o que estão fazendo. Sempre supõem que a escolha dos cuidadores é intencional e correta. E isso pode provocar uma confusão.

Eu costumava perguntar para o meu pai, por volta dos 10 anos, se ele realmente me amava, pois parecia que adorava me ver chorar. Quando me batia, ele dizia que fazia isso porque me amava. O que acontece é que associei amor e dor, já que essa era a minha conexão com ele. Eu me lembro de ter procurado a minha certidão de nascimento por volta dos 6 anos, sem que a minha mãe soubesse, por acreditar piamente que era adotada.

Mesmo se fosse, a associação continuava ali. E quando somos crianças, em uma situação abusiva ou não, acabamos presos em um loop de pensamentos do tipo: *Não vou ser como eles quando crescer* e/ou *Quero ser igualzinho ao papai ou à mamãe quando crescer*. E, como já dissemos, seguimos um desses dois caminhos sem nos darmos conta, a não ser que nos esforcemos para isso.

Se uma criança sente que é amada e benquista pelos pais, desenvolve crenças como "eu sou bem-vinda" e "eu sou querida", o que é muito importante, pois fortalece o caminhar. Só que a maioria de nós vivencia a crença de "não sou bom o suficiente" e "não sou importante". Independentemente do caminho seguido, essas crenças marcam de modo profundo e são tão inconscientes que podem permanecer para o resto da vida quando não há autoconhecimento.

Hoje é raro, mas antigamente eu precisava parar e olhar o que estava fazendo, o que estava sentindo, porque havia uma sensação muito pesada dentro de mim. Eu pensava: *Espera aí! Preciso entender o que está acontecendo agora!* Junto disso, aprendi a fazer afirmações positivas. Desintoxicar-me dessas programações é um processo de consciência profundo, construído dia após dia. Como se fosse uma faxina diária nos seus pensamentos, nas suas ideias, no seu conjunto de crenças, limpando cada cantinho: o quartinho de bagunças, a despensa, debaixo da cama, aquele armário em que guardamos todas as tralhas esquecidas e inúteis.

Agora é automático, é mais fácil. Graças a Deus, à Psicologia e ao autoconhecimento, tenho uma vida mais leve, consegui criar o meu conjunto de crenças positivas e as vivencio a cada minuto, com o meu marido, os meus filhos e amigos. Mas esse processo, no início, foi muito desafiador. Quando entrei na faculdade, também comecei a terapia, e as questões foram sendo trabalhadas.

Estamos tratando aqui de um conceito de Jung, que chamava de sombra esse lado escuro, natural a todo ser humano,[26] construído por crenças negativas, que denomino gravados. Conectada a isso está aquela máxima de que uma mentira repetida muitas vezes vira verdade, chamada na Psicologia de "ilusão da verdade".[27] Na educação, notamos isso com frequência: se repetimos algo com constância, negativo ou positivo, a criança o absorve. Vemos muitos exemplos tristes de pais que têm costume de falar frases do tipo:

---

[26] NORONHA, H. Todos temos um "lado sombra" da personalidade: o que é e como lidar com ele. **Periscópio – Portal de Divulgação Científica do IPUSP**, [s. d.]. Disponível em: https://sites.usp.br/psicousp/todos-temos-um-lado-sombra-da-personalidade-o-que-e-e-como-lidar-com-ele/. Acesso em: 14 jan. 2025.

[27] STAFFORD, T. "Ilusão da verdade": a importância da repetição para o sucesso das mentiras. **BBC Brasil**, 14 dez. 2016. Disponível em: https://www.bbc.com/portuguese/vert-fut-37852352. Acesso em: 29 set. 2024.

"Essa é igualzinha ao pai dela!", se referindo a algum comportamento negativo. Outros chamam os filhos de nomes estranhos e dizem que o fazem amorosamente ou por brincadeira, que é só um jeito da família de se referir à criança. Mas o que tem de amoroso em chamar alguém de "porqueirinha", "sem-vergonha", "toupeira" ou "traste"?

Precisamos identificar quais partes de nós foram construídas com base na ilusão da verdade, aceitar as nossas sombras e descobrir as origens delas, para que possamos seguir em frente. Uma vez que façamos isso, teremos mais facilidade no caminho da cura.

É ESSENCIAL PERCEBER QUE PODEMOS ESCOLHER.

A chave para uma vida sem limites
@psicologarosanadecleva

CAPÍTULO 4:

COMPAIXÃO E AUTOCOMPAIXÃO

Um estudo de Brené Brown apresentou dois grupos de pessoas: no primeiro, os participantes tinham um forte senso de autovalor, ao passo que, no segundo, duvidavam se eram bons o suficiente. Então, colocou-se a questão: de onde vinha a crença tão forte dessas pessoas do primeiro grupo de que mereciam conexão e amor? Por que essa mesma crença não existia no segundo grupo?[28]

Um dos padrões encontrados no primeiro grupo foi a coragem, termo que vem do latim *coraticum*, que significa literalmente "a bravura que vem de um coração forte" ou "ação do coração".[29] As pessoas desse grupo demonstravam a coragem de contar as suas histórias e mostrar que eram imperfeitas. E, por aceitarem a sua imperfeição, demonstravam compaixão por si mesmas antes de poderem ter compaixão pelos outros.

Autocompaixão nada mais é que abrir mão daquilo que as pessoas querem que você seja para ser você mesmo, autêntico, encarando tanto as suas qualidades quanto os seus piores defeitos. Portanto, não é tarefa simples; vermo-nos de "cara limpa" nada mais é que enxergar o que somos: "Sou cri-cri, sou carente, sou arrogante, sou egoísta". Aceitar tudo isso nem sempre é fácil.

---

[28] BROWN, B. O poder da vulnerabilidade. Palestra proferida no TEDxHouston. **TED**, 3 jan. 2011. Disponível em: https://www.youtube.com/watch?v=iCvmsMzlF7o. Acesso em: 29 set. 2024.

[29] CORAGEM. *In*: DICIONÁRIO etimológico: etimologia e origem das palavras, 2008. Disponível em: https://www.dicionarioetimologico.com.br/coragem/. Acesso em: 14 ago. 2024.

Para encontrarmos a nossa essência, precisamos abdicar do controle e da previsibilidade de resultados. A vulnerabilidade é necessária para dizer "eu te amo", para fazer coisas sem nenhuma garantia de retorno, como investir em um relacionamento que talvez não dê certo.

Acredito que a chave para mentes e vidas plenas e satisfatórias seja buscar equilíbrio e harmonia para pensamentos, emoções e comportamentos. Com o autoconhecimento, tudo fica simples.

Estamos todos juntos nessa constante evolução, adquirindo um novo aprendizado a cada experiência. Imagine explorar uma vasta e antiga biblioteca. Cada livro representa uma parte de nós mesmos, repleto de histórias, lições e segredos. Às vezes, encontramos volumes empoeirados que esquecemos, revelando experiências do passado que moldaram quem somos. Outras vezes, descobrimos a chave para uma mente sem limites, que nos inspira a crescer e mudar. A cada página que viramos, nós nos aprofundamos na nossa narrativa, ganhando clareza sobre desejos, medos e aspirações. Assim, essa jornada que começamos desde a primeira folha deste livro convida você a entender a si mesmo, mostrando que, como uma biblioteca, somos um espaço rico e diversificado, sempre pronto para novas descobertas. Vamos avançar?

ENTENDENDO ONDE ESTAMOS

Vivemos realidades que envolvem baixa autoestima, insegurança e repressão em adultos que não se lembram do que aconteceu na infância e replicam inconscientemente os modelos recebidos dos cuidadores, ao mesmo tempo que executam os seus "planos", criados para resolver pontos de angústia e frustração. São mecanismos de defesa e comportamentos aprendidos que acabam apagando essas dores, evitando mais sofrimento. Até hoje, não me lembro de algumas coisas do passado, mesmo tendo trabalhado muitas delas. Pode ter sido pela fantasia que criei para suportar a realidade, e não deixa de ser também uma defesa do meu cérebro. O subconsciente é poderoso e só quer nos proteger, mas frequentemente o faz de uma maneira indesejada.

Atendi muitas pessoas que sofreram violência sexual, doméstica, abuso emocional, acidentes graves, perdas significativas, transtornos de personalidade, transtorno bipolar, alimentar e de ansiedade, vícios de todos os tipos, conflitos relacionais, questões ligadas à autoimagem, fobias, ataques de pânico. Ao terem que enfrentar essa parte difícil do que sofreram, elas travam, na maior parte das vezes, o que afeta a vida social e a profissional, o casamento ou o namoro, gerando dificuldades para sentir emoções positivas e avançar como gostariam. Entre os efeitos também estão o isolamento social (para evitar possíveis ferimentos emocionais), baixa autoestima (causando procrastinação, por conta do medo do fracasso, ou a sensação de estar preso), incapacidade de tomar decisões (por medo e insegurança, resultantes de experiências passadas) e doenças provenientes dos pensamentos, bem como comportamentos destrutivos, como se bater, se cortar ou, o que é bastante comum, passar todo o tempo disponível na frente das telas de dispositivos eletrônicos. Alguns pacientes, terapeutas recém-graduados, estão bloqueados em questões emocionais que têm relação com os pais, porém precisam resolver tudo isso para poderem transformar as pessoas a partir da sua própria cura.

Assim funciona o motor padrão dos seres humanos, então é preciso entender como o cérebro atua para que possamos fazer novos caminhos neurais e mudar pensamentos e palavras, seguindo de um modo mais positivo e criando boas experiências futuras. Só assim você poderá compreender a sua história, olhar para ela, ter consciência e ajustar o rumo da sua existência.

MENTE INCONSCIENTE

Nem sempre estamos cientes dos nossos gravados. Na maior parte das vezes, somos tomados por raiva ou medo, sem sabermos o que de fato desencadeou tal sentimento e comportamento, pois isso tudo permanece oculto. Sentimentos como raiva, solidão, medo, tristeza e inveja podem se tornar um grande peso nos relacionamentos e na vida em geral. Para entendermos melhor isso tudo, vamos pensar sobre a teoria do cérebro trino, proposta pelo médico e neurocientista estadunidense Paul MacLean; ela divide o cérebro em três componentes principais: o **cérebro reptiliano**, que representa a parte mais ancestral, instintiva e irracional; o **cérebro límbico**, semelhante

80   A chave para uma vida sem limites

ao de muitos mamíferos, que é a consciência emocional; e o **neocórtex**, a consciência racional que nos diferencia de todas as outras espécies.[30]

Já sabemos que o cérebro reptiliano é o primeiro a se desenvolver na gestação, sendo o mais antigo na nossa evolução. Nele estão os instintos, as percepções mais primitivas – medo, sono, fome, senso de humanidade, necessidade de proteção, sobrevivência, defesa e ataque, ação e reação. Uma pessoa com fome, sono, ou até mesmo muito frio não consegue avançar em nenhum raciocínio lógico sem antes resolver tais necessidades irracionais.

Especialistas mostram que o cérebro reptiliano é o que tem mais influência sobre o sistema límbico e o neocórtex, ou seja, sobre o nosso comportamento de maneira geral.[31] Portanto, quando nos sentimos em perigo, o corpo se prepara para lutar ou fugir, pois precisamos sobreviver. Quando entendemos que o inconsciente está relacionado com o cérebro reptiliano, podemos concluir que essa parte do cérebro, que controla todas as funções automáticas do corpo – respiração, digestão etc. –, também controla as decisões instintivas.

Se juntarmos o cérebro reptiliano com o límbico (a consciência emocional), verificamos que o lado racional se mostra muito menor; ou seja, embora o neocórtex nos diferencie de todas as outras espécies, o nosso lado irracional, com tudo que sentimos e todas as nossas relações, é bem mais extenso. Contudo, com ações indiretas, podemos influenciar de modo positivo essa parte instintiva do cérebro. Caso precisemos de uma terapia breve, por exemplo, uma meditação guiada poderá agir mais eficientemente sobre o sentimento naquele momento, fazendo com que a ação seja outra. E, como o cérebro límbico nos influencia muito, é apenas natural que aprendamos por meio das emoções, em especial na primeira infância. Isso significa que, para aprender mais e melhor, é preciso se sentir bem no processo de aprendizado;

---

[30] DIAS, M. C. Homem ou réptil? A disputa dentro de você e o cérebro trino. **Medium**, 4 jan. 2021. Disponível em: https://medium.com/@divulgacaomabelcdias/homem-ou-reptil-a-disputa-dentro-de-voce-e-o-cerebro-trino-5948b341d33d. Acesso em: 30 set. 2024.

[31] RODRÍGUEZ, M. Por que cérebro às vezes atua como inimigo. **BBC News Mundo**, 1 jul. 2021. Disponível em: https://www.bbc.com/portuguese/geral-57525439. Acesso em: 30 set. 2024.

então, é essencial ser acolhido na escola, se ver pertencente àquele lugar e vinculado às pessoas, aceito pelos pares, para que as coisas fluam. Essa condição funciona também para o adulto, ao aprender um novo idioma ou competência; a recomendação é que escolha um ambiente onde se sinta confortável, afinado com os seus valores e que seja até divertido.

A neuroplasticidade comprova que temos uma capacidade enorme de modificar o sistema nervoso e nos adaptarmos, mostrando que podemos aprender qualquer coisa, em qualquer idade.[32] Esse processo é possível porque a plasticidade do cérebro permite que sejam formadas novas ligações entre os neurônios, em especial quando estamos bem emocionalmente e acreditamos que conseguiremos aprender algo novo. Quando acreditamos na mudança, o cérebro consegue captar, processar e gerar respostas diante dos estímulos.

Conheci, aqui na China, uma senhora holandesa de 67 anos, muito jovial, que aprendeu o mandarim com certa facilidade, além de outros idiomas que já dominava. A postura dela é de aprendiz: está sempre aberta às novas possibilidades, sem medo de errar nem de achar que algo pareça difícil demais. É essa a postura ideal para vencer qualquer desafio e dificuldade. Um ótimo exemplo!

Mas o ser humano deve aprender a galgar cada degrau naturalmente. Segundo a Pirâmide de Maslow,[33] criada pelo psicólogo norte-americano Abraham Harold Maslow, enquanto não resolvemos as nossas necessidades primordiais, não conseguimos subir para outros patamares. Essa percepção deixa clara a hierarquia de itens que precisamos solucionar na vida para dar saltos maiores no caminho da evolução pessoal, partindo de algo básico e bem material em direção a algo mais sutil, como a autorrealização.

---

[32] ESTANISLAU, J. Cérebro tem capacidade de se reconfigurar e ser treinado para melhores resultados. **Jornal da USP**, 19 maio 2023. Disponível em: https://jornal. usp.br/radio-usp/cerebro-tem-capacidade-de-se-reconfigurar-e-ser-treinado-para-melhores-resultados/. Acesso em: 30 set. 2024.

[33] SANTIN, L. O que é a Pirâmide de Maslow e qual é sua aplicação? **MBA USP Esalq**, 10 jan. 2024. Disponível em: https://blog.mbauspesalq.com/2024/01/10/o-que-e-a-piramide-de-maslow-e-qual-e-sua-aplicacao/. Acesso em: 30 set. 2024.

Pirâmide de Maslow

Também é preciso compreender que costumamos oscilar entre estados de consciência. Quando o cérebro reptiliano entra em ação, prevalece o lado irracional, o inconsciente. Você já ouviu alguém dizer, depois de uma calorosa briga, "não se resolve nada de cabeça quente"? É por causa disso; nesses momentos deixamos florescer o nosso irracional.

Um exemplo deixará mais clara toda essa situação. Eu poderia citar Freud, que compara a mente a um iceberg, ou a psicologia junguiana, que nos ensina os arquétipos, mostrando o quanto a mente inconsciente influencia as nossas vidas. Mas mostrarei de maneira mais simples, para que você entenda melhor e possa aplicar na sua vida.

Moro na China, como já mencionei, e tenho como amigos um casal de brasileiros; nós nos encontramos pelo menos uma vez por mês. Sempre que estão juntos, o casal começa a discutir, sem saber que estão sendo guiados pelos sentimentos negativos da criança interior. Esses sentimentos surgem muito rápido, em respostas às suas crenças, que também influenciam como eles percebem e interpretam a realidade.

Quando começam a discutir, Verônica precisa falar o tempo todo, e Luís nem sempre ouve, pois também sente a necessidade de se expressar. Muitas vezes, quando Luís toma as rédeas da discussão, Verônica grita, aumenta o tom da voz e, por fim, sai de perto. Ou seja, quando ela continua a argumentação, a criança interna está motivada pelas crenças: "Ninguém me escuta"; "Não sou importante". Por fim, interpreta a situação da seguinte maneira:

"Luís não me ama e não leva as minhas palavras a sério". Logo que Verônica percebe o ocorrido, em fração de segundos, fica magoada. A mágoa é convertida em raiva e, assim, começam a brigar.

Você já passou por situações como essa? Ou presenciou algo parecido, em lugar público, em um bar ou restaurante?

Agora que você já entendeu que a mente inconsciente nos guia, é importante compreendê-la para viver plenamente.

COMPAIXÃO

Em primeiro lugar, devemos desenvolver compaixão pela criança que fomos e pelos nossos pais ou por aqueles que nos criaram. Se não conseguirmos desenvolver esse sentimento, não será possível alcançar o que desejamos: chegar à felicidade e a uma vida mais leve.

Precisamos nos compadecer da nossa história, da nossa infância, dos nossos pais – aqueles que estiveram conosco. Temos que olhar para os erros deles, para as várias situações que ocorreram e perceber que fizeram o que podiam fazer; foram vítimas, assim como nós, e não tinham as ferramentas para ensinar algo que nem eles mesmos sabiam. Porque eles também foram crianças e passaram por questões difíceis e, de alguma forma, levaram tudo isso para a vida adulta. Perceber o contexto em que viveram – carência, necessidades, muitos irmãos, disputa de atenção, pais controladores, violência, privações, inúmeras limitações, modelos próprios de comportamento – torna mais fácil compreender como isso pode ter afetado a formação deles como pessoas e como isso chegou até nós.

O cérebro tem uma tendência de focar o negativo.[34] Então, muito provavelmente lembramos mais dos momentos negativos do que dos positivos, porém precisamos ter em mente também as boas influências que recebemos de quem nos criou.

---

[34] ARAGÃO, A. Por que focamos no negativo? Explorando o viés da negatividade. **Estado de Minas**, 23 maio 2024. Disponível em: https://www.em.com.br/colunistas/ alessandra-aragao/2024/05/6862899-por-que-focamos-no-negativo-explorando-o-vies-da-negatividade.html. Acesso em: 30 set. 2024.

A solução das dores da infância, então, requer a compreensão do contexto dos pais e a compaixão para com eles e, com você, a autocompaixão. Porque todo mundo fez o que podia: bisavós, avós, pais, você. Uma necessária e importante compaixão coletiva por tudo, por todos envolvidos no núcleo familiar. Compaixão e autocompaixão também têm conexão com consciência, que veremos no próximo capítulo, quando apresentarei o Método Decleva. Primeiro, introduziremos a solução fundamental, sem a qual será difícil avançar.

É essencial, portanto, fazer este exercício: olhar para o seu pai, a sua mãe ou quem o criou e entender como foi a vida deles. Ao fazer isso, você também olhará para a origem dos seus modelos de comportamento, como eles se replicam no modo como você educa os seus filhos e age até hoje, e como se relaciona com as pessoas em diferentes ambientes. Faça uma autoavaliação: você é bravo como o seu pai? Detalhista como a sua mãe? O que não é *seu* no seu comportamento?

DESPROGRAMAR E MUDAR

Quanto mais consciente você estiver, menos sofrerá, porque as coisas vão ficando mais claras e você vai entendendo as razões do que acontece hoje e do que já aconteceu. Com isso, terá as ferramentas para desprogramar o que for necessário.

Consciência é algo que precisa existir em tudo, até para você fazer uma dieta funcionar. É necessário colocar uma meta, ter um objetivo, saber por que quer emagrecer de fato, conhecer os alimentos mais calóricos para substituí-los etc. Isso requer coragem, pois é um desafio, um exercício de disciplina e foco. É algo grande dentro de você, pois não é simples modificar um comportamento; é como se fosse uma revolução interna em valores e modelos de ação. Apenas o planejamento de uma mudança grande assim poderá causar uma reviravolta nas suas "verdades", em tudo que estabeleceu até o momento atual. Mas certamente será uma oportunidade de autoconhecimento, visto que você passará a conhecer os próprios limites, acomodando-se neles ou superando-os.

Ninguém muda, assim, do nada. É preciso haver uma motivação muito forte. O movimento de mudança fará com que você entenda algo muito mais profundo, aprenda com tudo aquilo e estabeleça um objetivo claro, para caminhar na direção dele. Não é tão simples quanto parece, mas é possível. E, se não tiver um objetivo, como chegará a algum lugar? É como ir viajar e não saber para onde, não ter ideia sequer de que roupas colocar na bagagem, por não ter noção do clima do local de destino.

Sempre dou este exemplo para os meus alunos: o sonho dos meus filhos é ir para a Disney. Esse é o sonho. Mas como é que a gente faz para chegar lá? Bom, precisamos comprar passagens, fazer as malas, trocar dinheiro, resolver um monte de coisas. É claro que a criança nem pensa nisso, pois está comprometida apenas com o sonho de chegar lá, mas nós, adultos, sabemos que, para realizar o sonho, que é chegar à Disney e nos divertirmos muito, teremos coisas de adultos a resolver, como toda a organização, o plano de viagem, as providências etc.

PRECISAMOS AMADURECER. SE FICARMOS SOMENTE NO SONHO, NÃO AVANÇAREMOS. É PRECISO ASSUMIR RESPONSABILIDADES PARA FAZER ACONTECER, ENTENDER QUE O ADULTO TEM ESTRATÉGIAS PARA ALCANÇAR O OBJETIVO E A CRIANÇA TEM O SONHO. OU SEJA, PRECISAMOS ACIONAR O ADULTO EM NÓS, MAS NÃO PODEMOS DEIXAR A CRIANÇA SUMIR.

O autoconhecimento e a mentalidade certa são as chaves para abrir o caminho da evolução. Não há receita de bolo, pois as pessoas são únicas e singulares. Existem muitos caminhos e muitos jeitos. E você pode ajustar a sua jornada enquanto a percorre. Não precisa ser sempre igual, não há uma única resposta certa. Isso é bobagem. Portanto, embarque nessa jornada e mentalize: o que você poderia conquistar se deixasse as suas inseguranças para trás?

Existem inúmeras maneiras de seguir por esse caminho, que podem funcionar para mim, mas não para você, ou vice-versa. Por exemplo, ensino aos meus mentorados que a psicoterapia emocional é muito eficiente, mas para mim não foi o bastante. Foram cinco anos de um processo terapêutico intenso, que me ajudou a ter consciência e foi o início de toda a transformação que vivi, mas eu precisava ir mais fundo e comecei a me perguntar: *Como seria a minha vida se me permitisse sonhar grande e agir para alcançar esses sonhos?*

Percebo que, às vezes, só após um choque, um acidente ou outra coisa marcante a pessoa reformula conceitos e movimenta a sua condição atual. Trabalho com dinâmica de alto impacto emocional porque creio que não precisamos de um acidente, nem que alguém morra ou que algo mude drasticamente na vida para decidir mudar. Você tem que pensar na sua história e criar um caminho neural positivo para que as coisas aconteçam, por meio da reflexão: *Quais pequenas mudanças eu posso fazer hoje que teriam um impacto positivo no futuro?*

Quem tem algum trauma está envolvido em múltiplos gravados negativos e tem muito medo. É tudo bem pesado, parecendo mais difícil ainda. Assim, olhar para trás e ver o passado sob uma ótica positiva requer um longo caminho, uma ampliação de visão para enxergar outras possibilidades de revolução interna, de legitimar o outro, de autorizá-lo para que seja exatamente quem ele é, com os seus elementos próprios, os seus percursos internos de cura. Só assim será possível, de alguma forma, reavaliar as suas experiências e fazer um balanço da trajetória, limpando as pendências da vida.

É fundamental perceber que todo esse processo faz parte da transformação, só que agora você tem o poder de escolha e pode ser quem realmente quer ser. E como fazer isso? Quando se trata de uma dieta, por exemplo, reunimos tudo de que precisamos, não é? As informações sobre os alimentos, o que podemos comer ou não, e então saímos às compras. Para mudar o nosso modo de pensar, devemos organizar e planejar tudo também. Quando queremos novos comportamentos, procuramos aprender quais são eles para começar; precisamos entender a nossa história, as raízes emocionais, de modo a então chegar às ações necessárias para organizar a nossa mente, podendo encerrar ciclos antigos e começar novos.

Portanto, se você quer, por exemplo, ser mais equilibrado, pergunte-se o que o está impedindo agora. Quais experiências lhe fizeram ser assim?

Compaixão e autocompaixão

Quem não era equilibrado na sua casa de infância, ou quem reforçava esse comportamento, dizendo que você era "louco"? Uma vez que tenha essas respostas, também entendendo o contexto dos seus comportamentos, parta para a ação: coloque atenção em determinados pontos que o fazem agir como não quer, observe as suas manifestações com mais atenção, cuide da maneira como se comunica, com o que expressa aos outros. Faça planos, como ajustar os horários de trabalho, lazer, estudo e autocuidado, para que tudo caiba com harmonia na agenda e você possa ter mais equilíbrio na rotina. Com o tempo, essa nova conduta será incorporada e ficará natural.

Para se desprogramar, uma boa ideia é mudar os seus arredores. À medida que você se torna mais consciente dos seus padrões de comportamento, deve promover também modificações externas. Após os meus cursos, por exemplo, costumo recomendar aos mentorados que cheguem em casa, mudem as coisas de lugar, reciclem as roupas (doando e comprando novas, por exemplo), ajustem os hábitos diários, as rotinas, o caminho para o trabalho, façam algo que realmente mostre que a vida está iniciando novamente. É como se nascesse de novo.

Uma vez que você se torna consciente da própria história e dos porquês dos seus comportamentos, não dá para voltar a ignorar e fingir que está tudo bem. O único caminho é perdoar o que já passou e começar de novo. E é possível começar de novo, com autoconhecimento, o que resulta em maior resiliência, empatia e uma abordagem mais positiva em relação à vida. Todos somos capazes dentro das nossas próprias individualidades, trilhando os nossos próprios caminhos.

A partir dessa consciência, não há como voltar atrás. É só para a frente.

TENHA SONHOS E ACREDITE NO IMPOSSÍVEL

Durante toda a vida, busquei o crescimento espiritual. Não esperei as coisas darem certo para começar, pois sempre senti que existia algo além de nós mesmos, e o que trago até aqui vai além da fé. Tudo isso foi alcançado por meio da prática, com experiências positivas que moldaram a minha vida de maneira extraordinária. A fim de entender o que estou dizendo, é preciso que você se comprometa em seguir o método, se abrir para o novo, fazer os exercícios e se dedicar completamente ao caminho do bem.

O seu impossível só você sabe, só você vê. O meu impossível começou aos 10 anos, quando assisti pela primeira vez à palestra do Roberto Shinyashiki, como já contei no começo deste livro. Por mais que possa parecer simples, ali ele me encheu de esperança, e foi naquele momento que comecei a acreditar no impossível. Imagine uma criança de 10 anos, com uma família disfuncional como a que eu tive, sonhar que poderia viver algo totalmente diferente daquilo! Isso fez com que eu me sentisse motivada a continuar, e creio que possa até mesmo ter evitado uma depressão. Tenho tantos milagres, que seria impossível compartilhá-los aqui. Eu precisaria escrever mais um livro só para contá-los! Mas quero mesmo que você comece essa vida de milagres. Milagres se originam da vibração de amor, e isso vai além dos nossos olhos.

Você já se colocou no percurso do Método Decleva, já está percorrendo o caminho para fazer o seu impossível acontecer, acreditando que pode viver algo além do que está vivendo hoje, abrindo a possibilidade para ocorrerem milagres no decorrer de tudo isso. A fé é o elo entre o mundo tangível e o intangível, é a CHAVE para transformar uma ideia em uma ação. Agora você está no caminho do impossível, que é só seu, e a fé é a mensageira que o conecta com algo maior.

Você é o seu próprio mestre. Após todos os exercícios, aos quais terá acesso a partir do próximo capítulo, quando você tiver plena compreensão de si mesmo, o Universo saberá que você está se esforçando e querendo mais deste mundo dos humanos. Você perceberá que o nosso cérebro é o receptor de informações dessa vibração do amor universal, que nada mais é que o nosso Deus. E a sua experiência de vida humana requer que você tome a decisão de seguir o caminho do bem e ter abundância em todas as áreas da vida.

Com base na certeza de que o impossível se torna possível quando alguém o faz, você deve partir para a AÇÃO, estabelecer um plano, com passo 1, passo 2, passo 3, sem se esquecer dos resultados. Você precisará se organizar mentalmente e criar uma estratégia para realizar o seu sonho. Então, você terá que pensar nos elementos que quer na vida e onde deverá buscá-los. Se for alguma habilidade nova, como se capacitar? Talvez possa fazer um curso, uma imersão, ler livros sobre a área que o atrai. Assim, você vai pouco a pouco acionando o seu plano, percebendo que é possível melhorá-lo e ajustando os detalhes do seu próprio método de fazer as coisas enquanto se aprimora na prática do autodesenvolvimento.

DINÂMICA DO OLHAR

Quando éramos crianças, só queríamos ser admirados e percebidos. Se não fomos vistos do modo como gostaríamos, formamos uma barreira com sonhos e intenções, nos impedindo de vivê-los. Você se lembra de alguns momentos de alegria, tristeza ou frustração? Muitos dos meus alunos não conseguem se lembrar da própria infância; no entanto, por meio dos relatos daqueles que se lembram, conseguimos entender que, muitas vezes, pais ou cuidadores não validaram as nossas emoções, mostrando-nos que não éramos dignos de sermos reconhecidos, o que fez com que criássemos gravados negativos. Momentos em que não nos sentimos vistos também se tornam memórias afetivas negativas, e essas experiências moldam não apenas a nossa infância, mas também o nosso comportamento na vida adulta. Talvez você não tenha sido elogiado na infância, portanto nunca aprendeu a se elogiar e provavelmente pensa que não tem nada digno de ser elogiado; pode ser que nem tenha consciência disso. As suas atitudes o fazem chegar a esse lugar de não ser digno, mas não culpe nem pense nos seus pais agora, pois eles, de jeito algum, poderiam ensinar algo que não conheciam.

Então, vamos começar chamando a nossa criancinha para participar desta sessão?

Coloque-se em um ambiente favorável e tranquilo, de preferência sozinho, em um local onde você se sinta à vontade. Isso ajudará a estabelecer uma conexão profunda com a sua criancinha interna. Reserve uns quinze minutos para a Dinâmica do Olhar; ao fundo, sugiro que ouça a música "A começar em mim", composta por Pedro Valença.[35] Gostaria muito de poder

---

[35] A COMEÇAR em mim. 2021. Vídeo (5min21s). Publicado pelo canal Vocal Livre. Disponível em: https://www.youtube.com/watch?v=HooPgKdN7Zk. Acesso em: 30 set. 2024.

segurar a sua mão e olhar nos seus olhos neste momento, a fim de transmitir amor e dizer que eu o vejo, mas faço isso agora como posso, através deste livro. Lembre-se, precisa começar por você.

Consciente das suas dores e da origem delas, entendendo os modelos que herdou e reproduz atualmente, praticando a compaixão e a autocompaixão (porque todos somos naturalmente imperfeitos) e aceitando essa condição, você caminhará para a conscientização, que é o Passo 1 do meu método e que aprofundaremos a partir de agora. Permita-se refletir, explorar e crescer. Lembre-se de que cada passo é um ato de amor-próprio. Você merece esse tempo especial para se entender melhor e florescer.

Você já está com os mandamentos em mãos. O que resta é começar a ver neles o modo como guiamos o nosso bem mais precioso pela vida. Está pronto, soldado?

CAPÍTULO 5:

CONSCIÊNCIA E PERFIL COMPORTAMENTAL

PASSO 1

Até agora, **viemos entendendo a caminhada de vida, tentando** identificar onde você está, o que lhe aconteceu, qual é a sua história de vida, por que apresenta determinados comportamentos e de onde eles vieram. Esse é o processo de consciência. É a base para toda a transformação. Quando você alcança essa consciência, entende a origem dos seus comportamentos e passa a ser o autor da sua história. Porém, quando não se esforça para ter essa compreensão, segue no automático, deixando as coisas acontecerem e acreditando que era para ser assim mesmo.

A partir de agora, trataremos de cinco aspectos que já estamos trabalhando desde o início do livro e são necessários para a compreensão e a aplicação do Método Decleva, que se inicia na Consciência. A partir da consciência, você poderá perceber o que está vivendo e começar a atuar no que já reconhece ser necessário e possível.

A BASE DE TUDO: OS CINCO ASPECTOS DA CHAVE DA TRANSFORMAÇÃO

O foco do Método Decleva são os gravados, ou seja, as crenças. A fim de que possamos nos aprofundar nelas, apresento os cinco aspectos básicos para que você possa ampliar a sua visão sobre a mudança que queremos alcançar.

Se voltarmos àquele exemplo do sonho da Disney, cada um desses itens fica mais claro. Com a consciência de que temos um sonho, passamos a nos mover no sentido de realizá-lo. Às vezes sonhamos com algo, mas não sabemos qual caminho seguir. Se o sonho da família é ir para a Disney, então crio um plano para esse propósito, delibero sobre tudo que é positivo e negativo, decido acioná-lo e parto para a ação, que divido em alguns passos.

1. PENSAMENTO COGNITIVO

A mudança exige entendimento. Se você não entender o porquê, não haverá mudança. Quando descobre a razão de mudar, desencadeia ações e sentimentos que o farão avançar. Por isso é tão importante compreender as próprias crenças e gravados, para que possamos quebrá-los e construir um novo eu.

Para a viagem à Disney, preciso então utilizar todo o conhecimento que tenho, a minha inteligência e articulação mental, com esforço pessoal para me organizar: pesquisar o clima da região para saber as roupas que levarei; providenciar visto e passaporte; calcular de quantas malas vou precisar; confirmar a moeda local e fazer câmbio; verificar hotéis e passeios, com os seus respectivos detalhes; avaliar quanto dinheiro tenho para toda a família; chamar alguém para regar as plantas, cuidar dos pets, receber as correspondências etc.

2. EMOÇÕES E SENTIMENTOS

Esse é o ponto em que mais atuaremos neste método. Quando trabalhamos as emoções, acionamos todos os outros símbolos. Esse entendimento mudou a minha vida e espero que também mude a sua.

De uma maneira bem resumida, as emoções se baseiam na capacidade de sentirmos empatia pelo outro, de sermos importantes, de nos expressarmos. Estamos envolvidos em uma gama imensa de sentimentos, e todos eles são essenciais, mas precisam estar em equilíbrio para funcionar em harmonia.

Assim, é vital perceber o que sentimos, nos perguntando: *O que está acontecendo dentro de mim? E ao meu redor? Consigo reconhecer os meus sentimentos agora? Por que estou sentindo isso? O que desencadeou o que sinto?*

- **Olhar positivo das emoções:** temos uma capacidade enorme para sermos empáticos, nos conectarmos com as pessoas, porque sentimos que compartilhamos das mesmas dores. Temos espontaneidade, expressividade. Mas nem todo mundo é capaz de ser espontâneo, de se expressar de uma forma saudável e positiva.

- **Olhar negativo das emoções:** é comum que nos apeguemos a um padrão e vivamos nele, como se representasse o nosso EU: sou tímido, bravo, medroso, teimoso, rebelde, procrastinador. Acabamos nos transformando nas emoções correspondentes: procrastinação, egoísmo e rebeldia.

Podemos também incorporar crenças culturais, sem analisar se aquilo faz sentido. Ouvimos que "chineses não falam 'eu te amo'", que "chorar é sinal de fraqueza" e que "homens não prestam", e deixamos que isso dite o nosso modo de agir. Precisamos nos libertar desses rótulos e olhar para o que realmente somos. Precisamos fazer com que a criança interna cresça e atinja a maturidade emocional.

Seguindo no exemplo da viagem, posso abordar com a minha família quais emoções poderemos viver lá. Se queremos diversão e alegria, qual comportamento teremos se algo sair da rota? Qual será a nossa postura caso isso aconteça? O que precisamos fazer para alcançar a meta da diversão?

3. CORPO

É no corpo que estão registradas as emoções, os gravados e os valores. O formato do corpo também mostra como você pensa. É possível reconhecer alguém controlador ou detalhista observando o seu gestual. O corpo expressa tudo que vivenciamos, as nossas experiências, o modo como encaramos a vida.

A terapia reichiana[36] e o renascimento trabalham muito essa expressão corporal, nos ajudando a identificar pontos de tensão e bloqueios emocionais e mostrando como destravá-los.

No planejamento da nossa viagem à Disney, podemos trabalhar esse aspecto analisando se estamos preparados para percorrer a viagem com

---

[36] MENDES, M. F. O corpo no processo terapêutico. **Physis: Revista de Saúde Coletiva**, Rio de Janeiro, v. 21, n. 4, p. 1355-1367, dez. 2021. Disponível em: https://doi.org/10.1590/S0103-73312011000400011. Acesso em: 30 set. 2024.

coragem, dispostos a nos desafiar nos passeios, sermos valentes para determinado momento que talvez nos traga alguma insegurança, usarmos o nosso inglês, mesmo que seja básico etc.

4. ESPÍRITO

É a nossa essência, o que nós somos realmente e nunca morre. Podemos chamar de alma. O espírito é responsável por intuição, sabedoria e resiliência; é a nossa conexão com algo maior, algo além de nós mesmos. Vivemos para evoluir e aprender a sermos mais leves, mais livres, trabalhando a evolução cognitiva, a emocional e a prática da gratidão.

É estranho perceber que, hoje em dia, ainda conhecemos pessoas que nem sabem que há mente e espírito, porque acreditam que somos apenas um corpo, algo físico, que nos leva para lá e para cá e que, em algum momento, morre e desaparece. Mas essa parte invisível é o que nos liga a algo superior, maior que todos nós juntos, e precisamos dessa conexão para viver bem, evoluir e transcender a nossa existência, sendo mais que meros humanos que trabalham e dormem todos os dias. Basta que percebamos o nosso papel e aceitemos o desafio de crescer todos os dias, aprender algo novo a cada instante, ensinar tudo que sabemos, ouvir com atenção os que nos rodeiam, nos doarmos aos nossos filhos e aos filhos dos outros, porque já percebemos que somos uma grande família humana, que se conecta com toda a natureza. É muito importante a percepção de que existem vários aspectos de nós para serem notados e que, quando o fazemos, podemos alcançar outro nível de identidade.

Como preparar o nosso espírito para a viagem à Disney? Podemos visualizar como estaremos no final dessa jornada, tudo que aprenderemos nos locais visitados e com o convívio entre nós e as outras pessoas. Como estaremos quando voltarmos para casa? Ainda mais gratos por conhecermos pessoas e lugares diferentes, pela oportunidade de viver o que parecia, para muitos, impossível?

5. ENERGÉTICO

É construído por tudo que vivemos e sentimos, que está gravado dentro de nós. Não levamos nada de material desta vida, apenas o resultado das nossas experiências. Somos uma colcha de retalhos de tudo que aprendemos, das decisões que tomamos, de todas as emoções que nos marcam.

A nossa energia atrairá pessoas, trabalhos e situações compatíveis com ela. Já percebeu o quanto temos em comum com tudo que nos cerca? Por exemplo, agora você está comigo neste livro, o que nos conecta de alguma maneira. Os seus amigos também têm a mesma energia, ou seja, a relação que você tem com as pessoas à sua volta reflete o relacionamento que tem consigo mesmo, o que é influenciado pelos relacionamentos que teve, quando criança, com os adultos.

Se quiser crescer profissionalmente, por exemplo, tente se associar com as pessoas que têm aquilo que você quer ser. Então, você precisa entender qual é a sua energia e por que atrai as pessoas que o rodeiam. Alguns dizem que somos a média das cinco pessoas com quem andamos, e essa citação está correta, pois, de alguma forma, aquilo que eu sou faz parte daquilo que os meus amigos são. Portanto, tenho que me observar para mudar aquilo que não faz parte da minha evolução, ou seja, para poder atrair o que quero ser.

Seguindo no exemplo da viagem à Disney, podemos nos preparar energeticamente para ela ao imaginar as marcas que ficarão em nós como aprendizado dessa experiência.

Você precisa adquirir consciência desses cinco passos para começar a entender quem você é, perceber os seus padrões de comportamento, os seus sentimentos, a sua energia e os seus pensamentos. Somente a partir dessa consciência será possível trabalhar tais pontos.

Questione-se: você está vivendo o que quer viver? Tem a vida que quer ter? Não? O que você acredita que esteja faltando?

O tempero para esses cinco aspectos funcionarem bem juntos é a **paciência**. Coloque a paciência em cada um deles, e você perceberá que a vida ganha outro sabor. Deguste cada momento estando disposto a mudar, a soltar o que é negativo e abrir espaço para criar a prosperidade, saboreando tudo que é proporcionado – doce ou amargo, não importa; o importante é passar pela jornada de maneira leve. Observe e aprenda, sempre.

CAMINHANDO PELA CONSCIÊNCIA

Uma vez que você estabeleça a consciência inicial, sentirá uma virada de chave dentro de si, que desencadeará algo na sua mente. Não limite o Universo nas questões de amor, dinheiro e saúde que você deseja, pois tudo não passa de energias que vibram. Você começa a ter outros pensamentos, direciona as coisas de uma outra maneira. Quando muda o pensamento, você muda o comportamento e, ao dar esse primeiro passo, dispara um movimento fluido, energia infinita, com ações que resultam dessa iniciativa, porque você ligou o modo "solução".

E como seria uma pessoa consciente? Com toda a sua experiência de vida, com a compreensão da sua infância e de todos os comportamentos que herdou dos seus cuidadores, você será capaz de entender por que às vezes é mal-educado, fecha a cara ou ri de tudo. Você conseguirá compreender as próprias ações.

Como comentei no início, o meu pai era bastante agressivo, e, quando cheguei à vida adulta, percebi que eu mesma reproduzia isso nos meus atos. Eu era brava, mal-educada, arrogante, explodia sempre. Então, olhei para trás e achei a origem disso. Contudo, demorei mais para entender que eu não precisava ser assim; havia apenas aprendido a agir automaticamente daquele jeito. Quando temos consciência dos nossos padrões de comportamento, conseguimos entendê-los e alterá-los. Claro que não é tarefa simples, mas é possível. Reconhecer tudo isso é reconhecer a sua programação. Toda vez que perceber os seus atos, estará tomando consciência e terá o poder de ajustar a rota da sua vida.

A pessoa consciente, então, não é necessariamente aquela que nunca explode, mas aquela que, quando o faz, para e pensa: *Nossa, isso tem a ver com aquilo, eu sei de onde veio. Ainda não domino, mas estou trabalhando nesse ponto.* É um exercício contínuo e, depois que você começar a fazê-lo, verá que chegará um dia em que conseguirá parar um segundo antes da explosão, se observar e se perguntar: *Preciso mesmo explodir? Não dá para conversar?* Você pode até não controlar todas as suas emoções, mas controlará os seus comportamentos e saberá que essas emoções negativas são só suas e que o outro não tem nada a ver com isso. Assim, estará treinando o seu autoconhecimento.

Consciência e perfil comportamental 97

Em outro momento, você talvez consiga perceber: *estou estragando o meu casamento, o crescimento dos meus filhos, porque eles serão pessoas parecidas comigo, infelizes; tenho consciência de que o cachorro não tem nada a ver com isso. A minha explosão não tem a ver com ele nem com ninguém!* Se você teve um dia desagradável, pode descansar e refletir sobre isso sem ter comportamentos que possam magoar alguém ou piorar ainda mais o seu dia. Às vezes, precisamos descansar para voltar a ter pensamentos positivos.

Já a pessoa sem consciência terá outras condutas: vai chutar o cachorro, gritar com o cônjuge e com os filhos, fazer o jantar e ir dormir sem refletir sobre nenhum dos seus atos. Ela não está nem aí, não tem consciência dos próprios comportamentos, porque não revê as coisas que faz. Talvez nem pense nas consequências. Pode ser que só perceba os danos quando os filhos se mostrarem desequilibrados emocionalmente ou quando as pessoas se afastarem.

E por que é importante ser ou estar consciente?

Muitas questões nascem da consciência. Algumas mães, por exemplo, me perguntam se é necessário ficar em casa com os filhos pequenos. As que já passaram pelo Método Decleva sabem o quanto estar com os filhos faz diferença na personalidade deles. Sempre respondo às mães que, se elas têm a oportunidade de fazer isso, nenhum dinheiro paga esses momentos, e quem se beneficia não é só a criança, mas o mundo, pois a probabilidade de eles se tornarem adultos amorosos e estáveis é muito grande. Infelizmente, por mais que essa criança tenha por perto professores amorosos e pessoas queridas, nada substitui o amor dos pais.

Vamos pensar na sua casa de infância. A sua mãe demonstrava amor? Ela dava um abraço apertado quando chegava do colégio? Ou estava sempre perseguindo os próprios desejos? Muitos pacientes me dizem que sabem que foram amados, apesar da dificuldade dos pais de demonstrar amor, mas entender cognitivamente que é amado não é o mesmo que se sentir de fato amado.

Vamos lembrar do seu primeiro dia de aula. Você consegue se recordar? Como se sentiu? A sua mãe demonstrava felicidade por essa aventura de aprendizagem ou temia que pudesse ser difícil para você? Ou talvez ela tenha visto a escola como uma forma de se livrar de você? Ela conversou sobre a escola e contou que seria um momento valioso, com amor, ou você sentiu que estava sendo deixado com pessoas estranhas? Como eram as tarefas e os boletins? Ela dava atenção às suas notas? Como ela o tratava? Era indiferente? Como eram esses momentos?

Talvez você se lembre melhor dos momentos em que ficava doente. Como eram? A sua mãe o fazia se sentir culpado por faltar à escola e alterar toda a rotina? Como ela se sentia em relação a isso? Ficava nervosa pelo trabalho dela? Ansiosa por não conseguir dar conta de todas as tarefas? Ou dava tanta atenção (positiva ou negativa), que você aprendeu que ficar doente era a única maneira de se fazer notado? Você ficava doente com frequência?

Como os seus pais o disciplinavam? Eles batiam em você? Ou ignoravam se você quebrasse algo? Existiam regras claras de comportamento? Quem o disciplinava: pai ou mãe? Você aprendeu a ter medo ao admitir um erro? Ou eles falavam e mostravam que errar é uma maneira natural de aprender? Você se lembra de alguma cena de infância?

As respostas a todas essas perguntas dirão muito sobre quem você é.

As crianças aprendem e querem atenção o tempo todo, mas nem sempre os comportamentos são vistos assim. O exemplo que darei é de uma disciplina dura, que não é saudável a nenhuma criança e/ou adolescente. Eu me lembro de quando estava entrando na adolescência e tive uma vontade enorme de colocar um piercing. Queria expressar muitas questões naquela época. Quando ficou sabendo, o meu pai ficou furioso e me espancou, esbravejando: "Sua menina sem juízo, você faz de tudo para me deixar nervoso! Veja só o que quer fazer. Vá para seu quarto, e já aviso que vai ficar sem televisão por um mês. Você é uma criança!". Depois desse comentário, levei mais alguns tapas. Lembro que chorei por horas no meu quarto, senti vontade de morrer, só sentia que o meu pai não me amava, e o meu ódio por ele só crescia. Desejava que ele sentisse a minha morte, pois acreditava que era isso que ele queria. Eu tinha feito um teste com o meu pai, percebido a sua falha, e adquirido mais uma razão para odiá-lo.

O que eu quero que você perceba é que a criança sempre testará os pais por meio de comportamentos e desejos, pois elas aprendem com tudo isso. Portanto, precisamos prestar atenção nas nossas reações ao lidar com as situações.

Imagine que o meu pai só tivesse falado de maneira suave: "Filha, por que quer colocar um piercing? Não pense mais nisso e vá brincar!". Nesse

Consciência e perfil comportamental

caso, eu não saberia se o meu pai se importava comigo ou não, pois não houve reação por parte dele. Teria sido como ser deixada de lado. Eu aprenderia que ele é um pai que não se importa e, em outras palavras, aprenderia que eu não era importante, que não merecia nem mesmo atenção negativa – que era o que eu mais percebia na minha casa de infância. E você se lembra que eu disse que atenção negativa é melhor que nenhuma?

Qual seria, então, o modelo de disciplina correto? Usar a firmeza, mas com amor. Diante disso, qual deveria ter sido a atitude do meu pai quando descobriu que eu queria colocar um piercing, sendo que ainda não havia colocado? Sentar-se comigo e conversar, em tom firme, mas não raivoso, procurar saber qual era o pensamento em relação ao meu desejo, mostrando de maneira bem-posicionada que eu poderia me arrepender e que isso não era correto, não estava de acordo com os valores dele. Usar o tom de voz normal para se expressar é demonstrar respeito. Também é importante dizer sempre o quanto ama a criança, para que ela entenda que os pais se preocupam e para que sinta que ela é muito importante. Assim, o meu pai poderia ter concluído a conversa desta maneira: "Portanto, quando fizer 18 anos, terá outros pensamentos e, até lá, saberá se quer isso mesmo ou não". Quando entende tudo isso, a criança/adolescente se sente seguro e aprende a diferença entre o que pode fazer ou não na sua casa de infância, bem como o porquê.

Segundo a neurociência, uma pessoa com vivências traumáticas intensas pode apresentar alterações cerebrais significativas, que influenciam diretamente a sua resposta diante de situações de ameaça,[37] como um militar que passou por experiências de combate. Por esse motivo, hoje uso a camiseta militar como símbolo de que podemos nos curar, e ensino profissionais da saúde a criarem caminhos neurais positivos nos seus pacientes e alunos, por meio de meditações e dinâmicas de alto impacto emocional, assim como a usarem o autoconhecimento como processo de cura.

---

[37] GOMES, A. Neurobiologia do trauma em vítimas de violência interpessoal. **Nursing – Edição Portuguesa**, 2019. Disponível em: https://www.researchgate.net/publication/333114952_neurobiologia_do_trauma_em_vitimas_de_violencia_interpessoal. Acesso em: 14 jan. 2025.

Quando temos consciência desses comportamentos, passamos a ter poder de escolha. Por exemplo: imagine que estou infeliz e bati o carro duas vezes neste mês. É um acontecimento isolado, pois ficar triste é natural, acontece na vida de todos. Mas você se sentir infeliz, estar sempre raivoso, irritado, desanimado, triste, ansioso, é sinal de que algo está acontecendo e precisa ser entendido. Proponha a si mesmo: "Vamos ver o que podemos melhorar e o que pode ser mudado?".

E como se tornar consciente? Entendendo a sua própria estrutura e tendo consciência dos modelos de comportamento dos seus cuidadores que você replica até hoje. É um exercício de se observar continuamente, olhar com atenção para as manifestações do dia a dia, as ações e reações, e dar atenção aos pensamentos que as geram. Mais adiante, compartilharei um exercício de comportamento que desenvolvi, para facilitar o entendimento dos modelos recebidos dos nossos pais.

DESCOBRINDO O SEU PERFIL COMPORTAMENTAL

A consciência leva ao autoconhecimento, que caminham juntos. Saber quem somos é fundamental para qualquer mudança.

Inicialmente, entenderemos melhor qual é o seu perfil comportamental, por meio do teste DISC,[38] uma ferramenta que avalia o comportamento humano em diferentes contextos. Desenvolvido nos anos 1970 por Walter Vernon Clarke, com base nas teorias do psicólogo William Moulton Marston, o teste DISC analisa quatro traços principais: dominância, influência, estabilidade e conformidade. A seguir, deixo uma versão desse teste.

TESTE DISC

Refletir sobre as suas respostas contribui para que você entenda melhor o seu estilo de comunicação, incluindo o modo como lida com desafios e se

---

[38] DISC: conheça esse importante teste comportamental. **Exame**, 7 fev. 2024. Disponível em: https://exame.com/carreira/guia-de-carreira/disc-conheca-esse-importante-teste-comportamental/. Acesso em: 30 set. 2024.

relaciona com os outros. Essa autoanálise pode ser um passo importante para o autoconhecimento e o desenvolvimento pessoal, tornando-o ainda mais consciente dos comportamentos que fazem você avançar em certas áreas da vida e dos que não o fazem.

Ao identificar os diferentes perfis DISC, fica mais fácil reconhecer as fontes de conflitos e encontrar soluções eficazes para resolvê-los. Isso marca o início do Método Decleva, ajudando você a desenvolver habilidades e melhorar a sua comunicação, tanto na vida pessoal quanto na profissional. Na sequência, apresento os quatro perfis do DISC.

- **D (Dominância):** pessoas com esse estilo tendem a ser assertivas, competitivas e orientadas para resultados. Elas gostam de desafios e preferem tomar decisões rapidamente. Esse estilo é caracterizado pela confiança e pela disposição para enfrentar situações difíceis.
- **I (Influência):** indivíduos com esse perfil são sociáveis, comunicativos e motivadores. Eles valorizam as relações interpessoais e costumam buscar a colaboração em grupo. Esse estilo é frequentemente associado à empatia e à capacidade de inspirar os outros.
- **S (Estabilidade):** aqueles que se enquadram nesse estilo são geralmente pacientes, calmos e organizados. Eles preferem ambientes previsíveis e trabalham bem em equipe. Valorizam a harmonia e tendem a evitar conflitos, buscando manter um ritmo constante e um ambiente de trabalho estável.
- **C (Conformidade):** pessoas desse grupo são analíticas, detalhistas e orientadas para regras. Elas preferem trabalhar com dados e informações, analisando todos os detalhes antes de agir. Esse estilo é associado a uma busca por precisão e qualidade, sendo mais cauteloso nas decisões.

Agora vamos descobrir qual é o traço mais presente em você!

Em cada questão, analise as opções de resposta e atribua numeração de 1 (menos afinidade) a 4 (mais afinidade). Não demore muito para responder; o primeiro pensamento que vem à mente é o mais instintivo, livre de questionamentos como *Será que sou assim mesmo?* Vale ressaltar que os números não podem ser repetidos em cada questão. Observe o exemplo a seguir.

1. Como você lida com desafios?
(*4*) A) Eu gosto de assumir o controle e enfrentar os desafios. (*D*)
(*3*) B) Eu busco motivar os outros e encontrar soluções em grupo. (*I*)
(*1*) C) Eu prefiro trabalhar em um ritmo constante e organizado. (*S*)
(*2*) D) Eu analiso todos os detalhes antes de agir. (*C*)

Quando terminar de enumerar as opções de acordo com o grau de identificação, confira a resposta ao final do teste para ver o resultado. Aqui está uma versão simplificada que você pode usar para refletir sobre as suas características.

1. Como você lida com desafios?
( ) A) Gosto de assumir o controle e enfrentar os desafios.
( ) B) Busco motivar os outros e encontrar soluções em grupo.
( ) C) Prefiro trabalhar em um ritmo constante e organizado.
( ) D) Analiso todos os detalhes antes de agir.

2. Como você se comunica?
( ) A) Sou direto e vou direto ao ponto.
( ) B) Gosto de conversar e estabelecer conexões.
( ) C) Escuto mais do que falo.
( ) D) Sou cuidadoso e prefiro ser preciso nas minhas palavras.

3. Como você se sente em ambientes sociais?
( ) A) Eu me sinto confortável liderando.
( ) B) Adoro interagir e fazer novas amizades.
( ) C) Prefiro um ambiente mais tranquilo e familiar.
( ) D) Fico mais reservado e analítico.

4. Como você toma decisões?

( ) A) Confio na minha intuição e sigo em frente.

( ) B) Consulto os outros e busco consenso.

( ) C) Pondero e considero as consequências.

( ) D) Analiso dados e fatos antes de decidir.

5. Como você se sente em ambientes de trabalho dinâmicos?

( ) A) Prospero em mudanças e desafios constantes.

( ) B) Prefiro colaborar e trabalhar em equipe.

( ) C) Eu me sinto mais confortável em um ambiente previsível.

( ) D) Gosto de ter tempo para analisar e entender a situação.

6. Qual é a sua reação a feedbacks?

( ) A) Uso feedbacks como um impulso para melhorar.

( ) B) Valorizo o feedback dos outros e busco um diálogo.

( ) C) Aprecio feedbacks construtivos e tento aplicá-los.

( ) D) Analiso criticamente o feedback antes de agir.

7. Você está em uma fila para comprar ingressos para um show e, após esperar quinze minutos, o atendente informa que o sistema está fora do ar, e você terá que esperar por um tempo indeterminado.

( ) A) Fico frustrado e exijo uma explicação detalhada, afirmando que não posso esperar muito mais.

( ) B) Aceito a situação e aproveito o tempo para conversar com a pessoa ao meu lado.

( ) C) Não me preocupo muito com o atraso e continuo aguardando pacientemente.

( ) D) Pergunto ao atendente quanto tempo exatamente deve levar a resolução do problema e se há alguma alternativa para agilizar o processo.

8. Você está em uma cafeteria e pediu um café, mas o atendente traz um chá.

( ) A) Informo imediatamente que o pedido está errado e que eu pedi café.

( ) B) Chamo o atendente e explico educadamente que recebi um chá, enquanto reitero o meu pedido original.

( ) C) Aceito o chá sem reclamar e decido tomá-lo mesmo assim.

( ) D) Expresso a minha insatisfação de maneira incisiva, perguntando se o atendente realmente ouviu o meu pedido.

9. Durante um almoço em grupo:

( ) A) Eu gosto de compartilhar as minhas experiências e fazer com que todos concordem com o meu ponto de vista.

( ) B) Costumo ser o centro das atenções, contando histórias engraçadas e participando ativamente da conversa.

( ) C) Prefiro ouvir o que os outros têm a dizer, pois as pessoas valorizam a minha capacidade de escutar.

( ) D) Analiso as discussões antes de me manifestar e só compartilho as minhas ideias quando tenho certeza de que posso contribuir de maneira significativa.

10. Como os seus colegas costumam descrevê-lo no trabalho?

( ) A) Determinado, assertivo, competitivo.

( ) B) Extrovertido, otimista, comunicativo.

( ) C) Calmo, atencioso, colaborativo.

( ) D) Organizado, focado, estruturado.

11. O que mais o motiva e traz alegria na vida?

( ) A) Superar desafios, explorar novas oportunidades e arriscar-me em situações desconhecidas.

( ) B) Viver momentos inesperados, aproveitar a diversão e embarcar em jogos e atividades lúdicas.

( ) C) Receber carinho, sentir doçura nas relações e ser aceito pelos outros.

( ) D) Expandir o meu conhecimento, buscar aprendizado constante e valorizar a sabedoria.

12. Como você costuma reagir quando alguém o agride ou ofende?

( ) A) Respondo à agressão imediatamente, pois sinto a necessidade de expressar a minha insatisfação, mas logo consigo me acalmar.

( ) B) Busco escapar da situação ou questiono a pessoa de maneira provocativa.

( ) C) Sinto angústia e me afasto, mas tento entender o motivo da agressão; levo um tempo para superar a insatisfação.

( ) D) Prefiro ficar em silêncio e não mostrar o que realmente sinto.

13. Como você costuma agir quando vai às compras?

( ) A) Tenho clareza do que quero e não gasto o meu dinheiro em coisas que não procuro; sou bem focado.

( ) B) Vejo as compras como uma forma de diversão e adoro comprar presentes, a ponto de me considerarem um comprador compulsivo.

( ) C) Sinto-me indeciso e tenho dificuldade em escolher, o que torna o processo bem cansativo.

( ) D) Estou sempre em busca de ofertas; os descontos realmente me atraem.

14. Qual frase melhor reflete a sua personalidade?

( ) A) Sou ativo e enérgico, gosto de me envolver em várias atividades ao mesmo tempo. As pessoas me questionam se não me canso.

( ) B) Tenho um espírito alegre e jovial. Sempre que vejo alguém triste, faço questão de trazer um pouco de alegria para essa pessoa. As pessoas frequentemente perguntam se eu nunca me sinto deprimido.

( ) C) Sou uma pessoa tranquila e passiva, aprecio a companhia de pessoas que são fáceis de lidar e que não me provocam. As pessoas costumam perguntar se eu nunca fico aborrecido.

( ) D) Sou analítico e observador; adoro resolver problemas que exigem reflexão e encontrar soluções. As pessoas dizem que sou muito responsável e, às vezes, apreensivo.

15. Quando estou trabalhando em equipe, eu sou:

( ) A) A pessoa que dá ordens e organiza as atividades.

( ) B) A pessoa que anima o ambiente, incentivando todos a se envolverem e a se sentirem motivados.

( ) C) A pessoa que apoia os colegas, visando manter a equipe unida e coesa.

( ) D) A pessoa que se encarrega de organizar a parte estratégica, com o objetivo de aumentar as chances de sucesso.

16. Os meus irmãos e as pessoas ao meu redor dizem que os meus piores defeitos são:

( ) A) Ser agressivo e de temperamento forte.

( ) B) Ser distraído e desorganizado nas tarefas.

( ) C) Ser submisso e ter dificuldade em agir rapidamente.

( ) D) Ser teimoso e rígido nas minhas opiniões.

17. Algumas das minhas qualidades são:

( ) A) Ser determinado e seguro de mim mesmo.

( ) B) Ser otimista e manter uma atitude alegre.

( ) C) Ser adaptável e pacífico em situações desafiadoras.

( ) D) Ser cumpridor e estável nas minhas responsabilidades.

18. Ao caminhar, esbarro em um desconhecido. As minhas possíveis reações são:

( ) A) Espero que a pessoa desvie para que eu possa continuar.

( ) B) Dou um sorriso amigável e sigo em frente.

( ) C) Peço desculpas e sigo em frente.

( ) D) Dou um passo para o lado e continuo o meu caminho sem dizer nada.

19. No ambiente de trabalho, as minhas principais habilidades são:

( ) A) Tomada de decisões de maneira rápida e eficaz.

( ) B) Excelência em relações públicas e comunicação.

( ) C) Capacidade de adaptação e colaboração em equipes.

( ) D) Comprometimento com a qualidade e a pontualidade nas entregas.

20. No ambiente de trabalho, reconheço alguns pontos que preciso melhorar:

( ) A) Tenho dificuldade em delegar tarefas, preferindo trabalhar de maneira autônoma.

( ) B) Sinto resistência em receber instruções e orientações.

( ) C) Funciono melhor sob pressão, o que pode afetar a minha produtividade em situações mais calmas.

( ) D) Às vezes, sou desorganizado, esquecido e, ocasionalmente, impontual.

21. Segundo a minha mãe, quando eu era criança:

( ) A) Também havia momentos em que eu era mandão e exigente, querendo ter controle das situações.

( ) B) Fui uma criança alegre, sempre conversando e interagindo com todos ao meu redor.

( ) C) Eu era obediente e tranquilo, seguindo as orientações com facilidade.

( ) D) Eu era bem-arrumado e tinha aversão a me sujar, cuidando da minha aparência.

22. Aqui estão algumas maneiras de considerar a emoção que você demonstrava na infância com mais frequência:

( ) A) Irritação: muitas vezes, sinto irritação em resposta a situações ou comportamentos que me desagradam.

( ) B) Otimismo: costumo ver o lado positivo das situações, mantendo uma atitude otimista diante dos desafios.

( ) C) Medo: sinto que muitas vezes sou influenciado pelo medo, o que pode afetar as minhas decisões e interações.

( ) D) Não demonstro emoções: prefiro manter os meus sentimentos para mim e, por isso, não costumo mostrar emoções abertamente.

23. Aqui estão algumas considerações sobre como os professores podem ter reconhecido você:

( ) A) Discutia muito e gostava de demonstrar tudo que eu sabia: eu costumava participar ativamente das aulas, compartilhando conhecimentos e opiniões.

( ) B) Era muito amigável e gostava de conversar: eu me destacava pela minha sociabilidade e pela facilidade de me relacionar com os outros.

( ) C) Não interrompia e ficava calado: eu mantinha um perfil mais discreto, ouvindo com atenção sem intervir nas discussões.

( ) D) Era bom estudante e bastante analítico: eu era reconhecido pelo desempenho acadêmico e pela capacidade de analisar e entender o conteúdo.

24. Aqui estão algumas características que podem descrever diferentes traços de personalidade:

( ) A) Autossuficiente e ambicioso: alguém que busca os seus objetivos de modo independente e tem um forte desejo de alcançar o sucesso.

( ) B) Despreocupado e popular: uma pessoa que leva a vida com leveza e costuma ser bem-aceita em grupos sociais.

( ) C) Cooperativo e adaptável: alguém que trabalha bem em equipe e é flexível diante de mudanças e novos desafios.

( ) D) Preciso e exato: uma pessoa que valoriza a atenção aos detalhes e se esforça para ser correta em ações e decisões.

25. As características a seguir refletem diferentes aspectos da sua personalidade:

( ) A) Valente e ousado: uma pessoa que não tem medo de enfrentar desafios e está disposta a correr riscos para alcançar os seus objetivos.

( ) B) Amigo e conversador: uma pessoa que valoriza as relações sociais, gosta de interagir e se comunica de maneira aberta e amigável.

( ) C) Tolerante e flexível: alguém que é compreensivo em relação às diferenças dos outros e se adapta facilmente a novas situações.

( ) D) Reservado e educado: alguém que prefere manter certa distância nas interações sociais, mas sempre se comporta de maneira cortês e respeitosa.

26. As características que você mencionou trazem à tona diferentes traços de personalidade e atitudes:

( ) A) Obstinado, determinado para me defender: refere-se a uma pessoa que é firme nas suas convicções e não hesita em lutar pelo que acredita, defendendo opiniões e direitos.

( ) B) Confiante, acredito nas pessoas: isso indica uma natureza otimista e uma tendência a confiar nos outros, acreditando no melhor deles.

( ) C) Pronto a servir, gosto de ajudar aos demais: refere-se a alguém altruísta, que valoriza o apoio aos outros e se sente realizado ao ajudar.

( ) D) Prudente, gosto de refletir bem sobre as coisas: mostra uma abordagem cuidadosa e ponderada em relação à vida, levando em consideração as consequências antes de agir.

27. Quando interage com o mundo, você é:

( ) A) Proativo, persuasivo, convincente: indica uma forte presença e a capacidade de influenciar os outros, utilizando argumentos e um estilo de comunicação eficaz.

( ) B) Carismático, atrai as pessoas, desinibido: refere-se a uma pessoa que tem um charme natural e habilidades sociais que a tornam agradável e acessível, facilitando a interação com os outros.

( ) C) Humilde, compassivo (condolente) com as pessoas: mostra uma disposição para entender e apoiar os outros, demonstrando empatia e compreensão.

( ) D) Sistemático, cético, precavido: aponta para uma abordagem mais analítica e crítica, na qual a pessoa tende a analisar informações cuidadosamente antes de tomar decisões, garantindo uma visão realista.

Agora, some as suas respostas de acordo com as letras.

A [ ]

B [ ]

C [ ]

D [ ]

Mais respostas A = Perfil Dominante

Mais respostas B = Perfil Influente

Mais respostas C = Perfil Estável

Mais respostas D = Perfil Condescendente

DOMINANTE

- *Principais características*: aventureiro, ousado, decidido, inovador e persistente.
- *Características gerais*: reconhecido por ser direto, impositivo e trabalhador compulsivo. Tem uma energia exuberante e uma segurança em si mesmo que o torna uma figura de destaque em qualquer ambiente.
- *Motivações*: tem uma necessidade básica de controle, buscando sempre ser o melhor e alcançar resultados significativos.

- *Como reconhecê-lo*: a energia do dominante é palpável. Ele fala com um tom de voz forte e apresenta opiniões contundentes. Ao caminhar, a pisada é firme e segura; e o olhar segue fixo nas pessoas, transmitindo confiança. Em reuniões, costuma abordar apenas temas que lhe interessam, buscando sempre se posicionar como superior. Durante seminários, as suas atitudes são desafiadoras, pois ele acredita saber mais que os expositores. O estilo de vestir reflete poder, autoridade e sucesso; o dominante gosta de ser visto como uma figura importante. Na comunicação, é direto, rápido e tem uma habilidade natural de convencer os outros. No ambiente de trabalho, é extremamente ativo, e com frequência realiza múltiplas tarefas ao mesmo tempo, focando uma meta final.
- *Vantagens ou forças*: o dominante se destaca pela perseverança e adora desafios. A energia é contagiante, e ele tem uma visão otimista, acreditando que não existem obstáculos insuperáveis.
- *Desvantagens ou debilidades*: muitas vezes, o dominante pode ser egocêntrico, com uma autoestima elevada que o torna insensível às necessidades dos outros. A explosividade pode levá-lo a reagir antes de pensar, e a tendência a mandar o faz exigir que as suas solicitações sejam atendidas com rapidez. Ele pode ser manipulador, buscando sempre manter o controle, e frequentemente demonstra impaciência e agressividade.
- *Dicas para melhorar a comunicação*: para se comunicar eficazmente com um dominante, é importante adotar uma abordagem suave. É recomendável elogiar as suas conquistas e esperar que ele se acalme antes de trazer à tona questões importantes. Ir direto ao ponto e manter a tranquilidade são atitudes essenciais. Fazer perguntas em vez de supor também pode facilitar a interação.
- *Como um **dominante** pode melhorar a sua comunicação*: o dominante deve se concentrar nas pessoas ao seu redor, evitando interromper os outros e cuidando com o que dizem. A humildade é uma virtude a ser cultivada, assim como a capacidade de evitar

A chave para uma vida sem limites

chantagens emocionais. Prestar atenção ao tom de voz é crucial para uma comunicação mais eficaz.

- *Tempo livre*: tende a se envolver em atividades diversas no tempo livre, buscando sempre algo que o mantenha estimulado.
- *Sob pressão*: tende a explorar e até agredir, utilizando essa tensão como motivação para atingir as metas.
- *Caráter e medos*: geralmente, apresenta um caráter extrovertido e um medo significativo de perder o controle, o que pode influenciar as suas interações e decisões.
- *Outras denominações*: esse perfil é frequentemente associado a termos como autoritário e agressivo, refletindo a força e a intensidade que traz para as relações e atividades.

INFLUENTE

- *Características gerais*: encantador, confidente, convincente, entusiasta, inspirador, otimista, persuasivo, popular, sociável, confiante e preciso. É conhecido pela natureza confiante e entusiasmada. Confia nas pessoas ao seu redor e tem uma habilidade natural de se conectar emocionalmente, criando um ambiente de aceitação e diversão.
- *Motivações*: movido pela procura de popularidade e aceitação. Gosta de interações sociais e tem a necessidade básica de atenção, sempre buscando ser o centro das atenções e promover conexões significativas com os outros.
- *Como reconhecê-lo*: é facilmente reconhecido pela alegria contagiante e pela tendência a falar bastante. É amigável, mas frequentemente impontual e distraído. Ao caminhar, pode ser visto cantando ou falando sozinho. Em reuniões, atrai as pessoas, forma círculos de interação. Em seminários, demonstra grande emoção ao conhecer novas pessoas, quase sempre se sentando onde há mais participantes. O estilo de se vestir é criativo e original, preferindo roupas divertidas e cores chamativas. A forma como se expressa é vibrante, com gestos amplos e expressões faciais diversas. No ambiente de trabalho, sempre conversa e

organiza confraternizações, refletindo o espírito social. O seu sentido de paladar é frequentemente o mais desenvolvido, apreciando a comida e as experiências gastronômicas.

- *Vantagens ou forças*: brincalhão e divertido, sempre busca alegria em tudo que faz. É otimista, vendo o lado positivo de qualquer situação, mesmo nas mais difíceis. A energia positiva e o entusiasmo são contagiantes, e ele tende a ser despreocupado, acreditando que tudo acabará bem. A efusividade se manifesta em celebrações, onde grita, salta e aplaude com entusiasmo.
- *Desvantagens ou debilidades*: pode ser esquecido e distraído, com falta de concentração, e às vezes os descuidos parecem intencionais. Tende a iniciar muitos projetos, mas raras vezes os conclui, perdendo o interesse rapidamente. Além disso, costuma ser desorganizado e é hábil em se desvincular de responsabilidades, bem como pode ser evasivo, minimizando problemas ou dando desculpas. A sua tendência a exagerar histórias pode distorcer a realidade.
- *Dicas para melhorar a comunicação*: para se comunicar eficazmente com um influente, é importante ser caloroso e pessoal. Demonstre apreço pelo idealismo e pelo otimismo. É essencial ser paciente, ajudando-o a aterrissar em tópicos práticos e pedindo que tome decisões e tenha um rumo claro.
- *Como um **influente** pode melhorar a sua comunicação*: convém falar menos e ouvir mais. A clareza é fundamental, assim como observar a comunicação não verbal dos outros. Evitar exageros e cuidar para não monopolizar as conversas também são passos importantes.
- *Tempo livre*: dedica-se a estar em contato com pessoas, buscando sempre interações sociais e experiências compartilhadas.
- *Sob pressão*: tende a dar desculpas, não se responsabilizando pelos problemas e minimizando as dificuldades. A evasão pode se intensificar, levando-o a criar pretextos.
- *Caráter e medos*: apresenta um caráter extrovertido, e o seu maior medo é ser considerado chato e não aceito pelos outros.

A chave para uma vida sem limites

- *Outras denominações*: esse perfil é frequentemente associado a termos como social, sanguíneo e catalisador, refletindo a capacidade de conectar e engajar pessoas em diferentes ambientes.

ESTÁVEL

- *Características gerais*: amável, amigável, sabe escutar, paciente, descontraído, sincero, estável, consciente, jogador de equipe e compreensivo. Reconhecido pela natureza tranquila e adaptável. Ele se move pelo mundo com uma calma notável, demonstrando paciência e serenidade em todas as situações. A comunicação é geralmente lenta e suave, refletindo um estado de equilíbrio reconfortante para aqueles ao seu redor. Tende a ser discreto e conservador na aparência, optando por cores neutras que não chamam a atenção.
- *Motivações*: a busca por aprovação e a necessidade de servir aos outros. Ele se dedica a criar ambientes harmoniosos, evitando conflitos a todo custo. A sua necessidade básica é a paz, o que o leva a priorizar a estabilidade nas relações pessoais e profissionais.
- *Como reconhecê-lo*: é facilmente identificável pela tranquilidade e pela disposição adaptativa. Ao caminhar, faz isso com uma calma que parece não ter fim, nunca demonstrando pressa. Em reuniões, é sutil e discreto, preferindo escutar em vez de falar, o que destaca a natureza observadora. Em seminários, busca constantemente o aprendizado e a superação, mostrando humildade ao aprender com os outros. A forma de se vestir é discreta e conservadora, e a maneira como se expressa é calma e gentil, proporcionando uma sensação de equilíbrio. No ambiente de trabalho, mantém a compostura mesmo sob pressão, demonstrando uma dedicação exemplar nas tarefas que assume.
- *Vantagens ou forças*: é fácil de lidar e costuma dizer "sim" a todos, contagiando as pessoas ao redor com a sua paz e estabilidade. Extremamente paciente, capaz de resistir a situações desafiadoras sem perder a calma. Além disso, é bom ouvinte, muitas vezes

colocando as necessidades dos outros à frente das suas, e oferece apoio sem julgamentos.

- *Desvantagens ou debilidades*: pode ser inseguro, enfrentando dificuldades em expressar os próprios pontos de vista e desejos. Essa insegurança pode se manifestar em uma necessidade constante de reafirmação sobre os seus feitos e progressos, levando à desmotivação. Além disso, tende a ser passivo, evitando riscos e novidades, o que pode resultar em monotonia. A indecisão é uma característica comum, pois frequentemente luta para tomar decisões, buscando o apoio de outros para validar as suas escolhas.
- *Dicas para melhorar a comunicação*: para se comunicar eficazmente com uma pessoa estável, é importante ser caloroso e acolhedor, reconhecendo o idealismo e o otimismo. Demonstre apreço pela paciência e pela presença tranquila, ajudando-o a se sentir valorizado. A clareza e a assertividade são essenciais, incentivando-o a expressar opiniões de maneira honesta.
- *Como um **estável** pode melhorar a sua comunicação*: uma boa ideia é praticar a assertividade, aprendendo a expressar necessidades e opiniões de maneira clara. Ouvir ativamente os outros e enfrentar conflitos de maneira construtiva também são passos importantes para fortalecer as interações.
- *Interesses pessoais*: tende a valorizar a convivência harmoniosa e a busca por relações significativas, dedicando o tempo livre a atividades que promovam o bem-estar coletivo.
- *Sob pressão*: geralmente se retrai, evitando confrontos e minimizando problemas, o que pode aumentar a insegurança e a indecisão.
- *Caráter e medos*: costuma apresentar um caráter gentil e acolhedor. Os maiores medos são o conflito e a rejeição, o que os leva a priorizar a harmonia nas relações a qualquer custo.
- *Outras denominações*: esse perfil é frequentemente associado a termos como pacífico, colaborativo e conciliador, refletindo a habilidade de promover conexões saudáveis e equilibradas em diferentes contextos.

CONDESCENDENTE

- *Características gerais*: exato, analítico, consciente, cortês, diplomático, procura realizações, padrões altos, maduro, paciente e preciso. Destaca-se por ser dedicado, detalhista e confiável. Prefere não delegar tarefas, assumindo a responsabilidade total pelas atividades. Esse traço reflete a necessidade de controle e a busca por excelência em tudo o que faz.
- *Motivações*: movido por um forte desejo de independência e privacidade. Valoriza a organização e a clareza, munindo-se de informações e procedimentos para garantir que as suas ações sejam fundamentadas. Um desafio mental constante é a busca pela razão, além da necessidade de reconhecimento e aprovação por parte dos outros. A ordem é um pilar fundamental da vida.
- *Como reconhecê-lo*: fala de maneira clara e fundamentada e costuma apresentar uma aparência limpa e cuidada. Ao caminhar, dirige-se decididamente ao seu destino, mantendo um semblante sério e concentrado, com raros sorrisos. Em reuniões, observa com atenção os novos participantes, mantendo-se em um local fixo, enquanto em seminários presta atenção às credenciais dos expositores e faz anotações organizadas. O estilo de se vestir é sóbrio e elegante, refletindo a seriedade e o profissionalismo. Nas interações, é direto, pensa cuidadosamente antes de se expressar e evita jogos de poder no ambiente de trabalho.
- *Vantagens ou forças*: comprometido e leal, prioriza princípios éticos. Raramente se aborrece ou é infiel; consulta os envolvidos antes de tomar decisões. Além disso, valoriza a dimensão espiritual da vida, buscando profundidade nas relações e experiências.
- *Desvantagens ou debilidades*: pode ser excessivamente exigente, buscando a perfeição em tudo o que faz, o que pode levar a uma frustração constante. A seriedade o torna apreensivo, levando-o a encarar tudo como de extrema importância. Essa característica pode resultar em teimosia, pessimismo e perfeccionismo, dificultando a capacidade de adaptação e aceitação de erros.

Consciência e perfil comportamental

- *Dicas para melhorar a comunicação*: para uma comunicação eficaz com um condescendente, é essencial ser claro, conciso e direto. Se houver discordância, é importante apresentar argumentos fundamentados. A organização e a precisão nas informações também são fundamentais, assim como dar tempo para que ele processe as informações. Respeitar o seu silêncio e considerá-lo nas decisões é crucial para garantir uma interação produtiva.
- *Como um **condescendente** pode melhorar a sua comunicação*: convém tentar ser menos literal e mais aberto ao diálogo. Ouvir ativamente e expressar-se no momento adequado são habilidades que podem ser desenvolvidas para facilitar a interação com os outros.
- *Tempo livre*: em momentos de lazer, busca privacidade.
- *Sob pressão*: tende a se fechar, se deprimir ou se martirizar, exigindo muito de si mesmo.
- *Caráter e medos*: geralmente apresenta um caráter introvertido e medos relacionados ao irracional, ao erro e à falta de compreensão por parte dos outros.
- *Outras denominações*: esse perfil é frequentemente associado a termos como analítico, cumpridor e melancólico, e é simbolizado pelo elemento terra, que representa estabilidade e firmeza.[39]

A partir do conhecimento do seu perfil DISC, fica mais fácil visualizar os pontos fortes da sua personalidade e os que poderiam ser trabalhados. Podemos potencializar o que já é bom, que está favorecido, mas saiba que você pode se desenvolver em qualquer área. O mais importante é se reconhecer, perceber se tem vocação para aquilo que deseja. Caso não julgue ter, lembre-se de que a vontade se sobrepõe, e é só se aplicar nesse novo aprendizado. Dessa maneira, poderá ter uma noção mais clara do esforço e do tempo necessários para chegar aonde quer.

---

[39] Caso queira, você também pode realizar versões on-line do teste DISC. Como em: [TESTE] Sua personalidade está sabotando seu próprio sucesso? **Runrun It**, 24 jun. 2022. Disponível em: https://blog.runrun.it/teste-de-personalidade-sucesso/. Acesso em: 14 jan. 2025.

MEDITAÇÃO: LEI DA ATRAÇÃO I

A consciência de quem você é traz a base de tudo que trabalharemos no Método Decleva. Portanto, é importante visualizar o futuro para começar a construí-lo, passo a passo. Gostaria de convidá-lo a uma meditação guiada. Acesse o QR code a seguir ou digite o link no seu navegador.

https://rosanadecleva.com.br/conteudosextras

A seguir, ingressaremos no Passo 2 do Método, explorando os padrões de comportamento. Vamos juntos!

CAPÍTULO 6:

O QUE TROUXE VOCÊ ATÉ AQUI

PASSO 2

Estamos caminhando, desde o início do livro, pelo processo de consciência de quem você é, e você talvez já tenha sentido o quanto isso é importante para a sua felicidade. Afinal, sem consciência e autoconhecimento, não chegamos a lugar algum. Tenho certeza de que o seu olhar sobre a sua trajetória mudou de alguma maneira, assim como a forma como vê os seus pais e aqueles que o educaram.

Mas você já parou para pensar nos pormenores da sua jornada para ser como é hoje, para entender de onde veio e aonde quer ir? Porque isso faz toda a diferença. Convido-o a fazer uma pausa agora e refletir sobre isso. É sempre muito saudável se perguntar o porquê: *Por que sou assim? Por que penso desse jeito? Por que quero chegar a tal ponto?* Seres conscientes estão constantemente em busca dos porquês. É como se caminhassem carregando uma lanterna que ilumina cada cantinho escuro e desconhecido dentro de si.

Vamos, então, apresentar mais ferramentas do Método Decleva, aprofundando o sistema de transferência, padrões de comportamentos e admoestações, para que você identifique cada vez com mais clareza como se sente e por que faz o que faz.

TRANSFERÊNCIA

Transferência é basicamente uma projeção dos nossos sentimentos, transpostos para as pessoas com quem nos relacionamos.[40] A nomenclatura foi criada por Sigmund Freud e se refere a um elemento muito importante na terapia psicanalítica. É o que ocorre quando o paciente projeta no terapeuta ou em pessoas do seu convívio figuras importantes para ele, geralmente do passado.

Esse conceito é ensinado em todas as faculdades de Psicologia e auxilia o aluno e terapeuta a reconhecer quando o paciente começa a transferir para ele aspectos dos pais ou cuidadores, na tentativa de estabelecer uma conexão. A partir daí, começa-se a trabalhar esse movimento trazido pelo paciente. Quando ele demonstra decepção ao não ser atendido pelo terapeuta, por exemplo, está dando início a uma transferência, porque quem não o atendia era a mãe. E, então, esse paciente projeta o comportamento no psicólogo e passa a se sentir mal por isso. Não tem a ver com o terapeuta, na verdade, mas com essa pessoa que deixa aflorar alguma inquietação ou incômodo pessoal. E o terapeuta deve mostrar isso, mencionando algo que o paciente mesmo disse: "Você lembra, Fulano, quando me contou que, quando a sua mãe não o atendia, você também ficava muito mal?". E as conexões vão sendo mais bem elaboradas, aumentando o nível de consciência que temos da nossa própria história, permitindo-nos reconhecer e processar sentimentos reprimidos, o que favorece uma maior compreensão emocional.

Por exemplo, como mencionei anteriormente, as relações que estabelecemos com as pessoas ao nosso redor são um reflexo de como nos relacionamos conosco. São interações ligadas aos vínculos que nos cercavam. Reconhecer que as reações emocionais podem ser influenciadas por experiências passadas pode propiciar uma comunicação mais saudável, além de facilitar o desenvolvimento da empatia, tanto na relação consigo quanto com os outros.

---

[40] VIEIRA, P. Como funciona a transferência na Psicanálise? **Instituto Brasileiro de Psicanálise Clínica – IBPC**, [s. d.]. Disponível em: https://www.psicanaliseclinica. com/transferencia-psicanalise/. Acesso em: 30 set. 2024.

Para ilustrar melhor o fenômeno da transferência e facilitar a compreensão, trago mais uma vez a imagem do meu pai, que era agressivo e ríspido comigo. Um dia, encontro uma pessoa que é grossa e agressiva comigo. Naquele momento, é como se eu visse o meu pai nela, fazendo eu me sentir mal. Então, estou fazendo transferência do meu pai para esse alguém que agiu como ele agiria. É como se essa pessoa agressiva fosse ele, e talvez eu reaja como faria com o meu pai, gritando com ela, esbravejando, tentando afastá-la de mim, odiando-a sem nem saber o porquê – e, na maioria das vezes, sem sequer conhecê-la. Antes era comum ver o meu pai em todas as pessoas que falavam mais firmemente comigo. Ao me observar mais de perto, passei a perceber quando eu estava em transferência.

As transferências podem ocorrer até mesmo sem contato direto. Um exemplo é quando vemos alguém pela primeira vez e, sem nem mesmo conhecer essa pessoa, pensamos algo como: *Nossa, não gostei dessa menina*. Pode ser que queiramos ser iguais a ela, ou pode ser que algo nela nos lembre de outro alguém que nos incomodava. Pode ter a ver com a roupa, os trejeitos, algum gesto, o cabelo, a risada, o perfume; algum elemento que se conecte com o nosso passado. Você está em transferência quase o tempo todo, como quando reage agressivamente no trânsito, com pessoas autoritárias ou com atendentes mais ríspidos.

Se a sua mãe, por exemplo, só emitia comentários sem sentido, talvez o incomode mais do que o comum cruzar com pessoas que fazem o mesmo. Pode ser que pessoas ignorantes ou calmas demais o irritem profundamente e, se você for buscar lá no seu passado, descobrirá que era esse o perfil do seu pai. Quanto mais você buscar, mais fácil será ver os seus pais nas pessoas do cotidiano.

Em qualquer um dos cinquenta países que já visitei ou onde morei, vejo os reflexos dos meus pais a todo instante. E atrairei essas pessoas, pois tenho essa energia; e, se isso não estiver resolvido dentro de mim, não conseguirei me relacionar de maneira saudável com ninguém, pois a transferência sempre estará presente.

Hoje, consigo perceber de modo simples quem do meu convívio tem essa energia, e não entro mais em transferência com facilidade. Portanto, amo mais, abraço mais, me divirto mais, e consequentemente tenho muito mais relacionamentos saudáveis. No começo, quando aprendi essa técnica de transferência, tinha que parar para refletir por que alguma situação tinha me deixado com tanta raiva, e me perguntava: *Por que eu reagi daquela maneira em relação ao que houve? Eu estava em transferência ou não?* Muitas vezes, não tinha as respostas de imediato, mas elas apareciam quando eu anotava e, depois de um tempo, lia aquilo. As respostas podem surgir quando conversamos com um terapeuta também. O essencial é entender que precisamos dar um passo por vez. Já demos o da consciência, e agora é vez de aprofundarmos o nosso conhecimento sobre nós.

PADRÕES DE COMPORTAMENTOS, AÇÕES E REAÇÕES

Quando o mecanismo da transferência ocorre conosco, a situação que vivemos ou a pessoa com quem esbarramos gera uma dor na nossa criança interior. A partir disso, podemos disparar uma **reação black** (negativa) ou **black plus** (positiva), como costumo chamar.

A **reação black** pode ser xingar, se afastar, ter um ódio mortal de alguém que acabou de conhecer, por exemplo.

A **reação black plus**, por outro lado, mesmo sendo aparentemente positiva, gera dor do mesmo jeito. Ela ocorre quando temos inveja de um palestrante de sucesso, por exemplo. Era o que acontecia comigo dez anos atrás. Alguém me apresentava um palestrante, e eu pensava assim: *Quero ser como esse cara!* E então me dava uma sensação de inveja, sabe? Quem era assim na minha casa de infância? Ninguém, então isso me levava ao sentimento de inveja. E qual era a minha reação? Ficava grudada na pessoa, repetindo: *Preciso aprender isso aqui! Eu tenho que ver onde ele estudou, o que fez para chegar aonde chegou, qual é a história de vida dele.* Na verdade, não era esse o comportamento que eu deveria ter, não eram essas coisas que eu precisava ter, mas eu não conseguia ver isso. E a minha reação não era um sentimento necessariamente negativo, eu não sentia raiva daquele palestrante. Mas a minha criança interior seguia ferida.

O que trouxe você até aqui   **123**

Principalmente quando estamos no início do processo de compreensão da transferência e das suas reações, podemos ter dificuldade para identificá-la. Então, para saber que está em uma transferência, observe-se. Coloque atenção nas suas reações. Quando elas forem extremas, é um sinal de alerta. Está sentindo forte indiferença, ódio, necessidade de se afastar de alguém que acabou de conhecer ou de alguém que, até então, não o incomodava? Está sentindo amor, carinho ou admiração por alguma figura de autoridade com a qual você sequer tem proximidade suficiente? Olhe mais de perto, e verá que se trata de uma transferência.

Já tive pacientes, por exemplo, que me sentiram sendo muito crítica, quando esse não era o caso. Analisando de perto, descobrimos que as figuras parentais o tratavam assim com frequência. Também já me ocorreu que um paciente se sentisse muito emocionalmente dependente de mim, pedindo a minha opinião para tudo; buscando a fundo, notamos a necessidade dele de validação materna.

A resposta da transferência é uma reação, um comportamento. Você começa a criticar a pessoa ou ficar indiferente, desvalorizá-la, rechaçá-la, afastar-se dela ou aproximar-se demais. Porque você precisa se defender dessa dor de infância. É como se você se visse como uma criança ferida, aquela criança cujo pai ou cuja mãe não entendeu ou até maltratou.

Todas as reações precisam de atenção, porque é nelas que podemos perceber quem está no controle da nossa vida. Saber a sua programação de infância é a chave para uma vida sem limites. Por meio disso, você também poderá ter a consciência de que está em processo de transferência, podendo inclusive evitá-lo, o que é libertador, pois a transferência é uma das muitas armadilhas do inconsciente. Para trabalharmos isso, elaborei um exercício que o ajudará a tornar conscientes reações que você pode não ter entendido muito bem, casos em que costumamos culpar o nosso "jeito de ser".

Quando o comportamento é automático, acabamos nos colocando em situações de transferência e estabelecendo a nossa vida com base em reações inconscientes, que podem até ser perigosas. Podemos explodir, confrontar os outros sem motivo, agir sem entender por quê. E, inconscientemente, você segue a vida com todas essas dores, fica em transferência com um monte de gente sem perceber. Como entender isso?

Exercício sobre transferências com reações black

Eu tive uma transferência com _____
e tive uma **reação black**.
Eu vi você, _____ (escreva o nome da
pessoa), como _____
_____
_____
_____
_____(detalhe as suas percepções e os seus julgamentos).
Isso me lembrou dos atos de ( ) MINHA MÃE ( ) MEU PAI
( ) ALGUÉM QUE ME CRIOU OU ESTEVE COMIGO EM UMA PARTE
DA MINHA INFÂNCIA (AVÓS, TIOS, BABÁ ENTRE OUTROS).
E isso me levou a sentir _____
(descreva a dor).
A minha reação negativa foi _____,
que aprendi com ( ) MINHA MÃE ( ) MEU PAI ( ) ALGUÉM QUE
ESTEVE COMIGO NA INFÂNCIA.
( ) Estou livre da transferência. ( ) Ainda estou em transferência.

Exercício sobre transferências com reações black plus

Eu tive uma transferência com _____
e tive uma **reação black plus**.
Eu vi você, _____ (escreva o nome da
pessoa), como _____
_____
_____
_____
_____(detalhe as suas percepções e os seus julgamentos).
Isso me lembrou dos atos de ( ) MINHA MÃE ( ) MEU PAI
( ) ALGUÉM QUE ME CRIOU OU ESTEVE COMIGO EM UMA PARTE
DA MINHA INFÂNCIA (AVÓS, TIOS, BABÁ ENTRE OUTROS).

O que trouxe você até aqui

> Recordei-me do que não tive ou de como gostaria que os meus pais tivessem sido.
>
> E isso me levou a sentir _____
> (detalhe a dor).
>
> A minha reação positiva foi _____,
> que aprendi com ( ) MINHA MÃE ( ) MEU PAI ( ) ALGUÉM QUE ESTEVE COMIGO NA INFÂNCIA.
>
> ( ) Estou livre da transferência. ( ) Ainda estou em transferência.

Podemos, assim, entender que a opinião que você tem sobre o outro diz mais sobre você do que sobre o outro. Talvez tudo que tenha lido neste livro tenha feito você pensar algo sobre mim ou outras pessoas, então abrace esse sentimento, tente entender o porquê de ele estar ali e faça o exercício quantas vezes for preciso.

ENTENDENDO VOCÊ MESMO

Quando você percebe a sua programação de infância, acaba respondendo às situações com uma escolha – se quer ser assim ou não. Porém, enquanto não entender isso, não tem como mudar o comportamento. Talvez se veja revivendo a mesma transferência e reagindo sempre da mesma maneira, inúmeras vezes. Se da próxima vez você conseguir parar antes e impedir essa reação, poderá perceber que realmente tem escolha quando se trata das suas ações, e caminhar para a transformação. Antes de gritar, por exemplo, você talvez se pergunte: *Eu preciso mesmo gritar? Tenho outra opção?* É um exercício constante de auto-observação.

Ao copiarmos os modelos dos nossos cuidadores ou nos esforçarmos para fazer o exato oposto, ainda estamos vivendo no automático, estabelecendo um padrão de energia e atraindo pessoas parecidas conosco. Você precisa curar a sua história dentro de si para poder se libertar desses padrões de comportamento herdados e passar a ser você, na sua essência mais pura, e começar a viver de maneira plena e íntegra.

Quando estou com os meus alunos, por vezes sugiro o exercício de fazerem alguma transferência comigo. Certa vez, ao fazer essa proposta, uma das alunas disse: "Eu tive uma transferência black com você, Rosana. Quando começou a explicação, eu vi como você foi metida e dona da verdade. Você foi igual ao meu pai. Diante disso, diante de você nessa situação e diante da minha infância, a dor que eu senti foi a indiferença do meu pai comigo. A dor que eu senti é de não ter sido vista naquele momento, porque ele era tão metido, tão dono da verdade, que não tinha tempo para mim, ele não me olhava. E a minha reação foi ter falado mal de você, Rosana! Aprendi isso com o meu pai".

Esse exercício proporciona a conscientização. Porque, quando ela conseguiu enxergar esse mecanismo e perceber que viu em mim o seu pai ou a sua mãe, por mais que admita ter falado mal de mim (e está tudo bem, pois entendo essa manifestação), entendeu o que é uma transferência. Assim, quando se deparar com outra, conseguirá vê-la com clareza e poderá agir de modo diferente.

AUTO-OBSERVAÇÃO

A partir da conscientização, de saber que você está repetindo padrões de comportamentos dos pais, é essencial usar a ferramenta de autoconhecimento Vigiai,[41] especialmente para quem está no processo de rever dores, crenças e desatar alguns nós internos.

Toda vez que você se deparar com uma situação de transferência, que provocou uma dor interna, e a sua reação for querer gritar, xingar ou algo assim, pare um instante. Observe-se nessa cena. Analise os gatilhos que dispararam essa possível reação em você. Lembre-se de que os gatilhos são acionados para nos defender de uma dor infantil e que agora você sabe que tem a escolha de fazer ou não fazer. Talvez opte por aprender com o que aconteceu, em vez de explodir, criticar ou julgar.

Comece a se perguntar por que o comportamento do outro gerou esse sentimento. Se explodir, registre mentalmente e observe-se: *Nossa, explodi*

---

[41] "Ficai de sobreaviso, vigiai; porque não sabeis quando será o tempo". *In*: BÍBLIA. Português. **Bíblia Ave Maria On-line**. Editora Ave Maria. Disponível em: https://www.bibliacatolica.com.br/biblia-ave-maria/sao-marcos/13/. Acesso em: 2 out. 2024.

O que trouxe você até aqui

de novo! Xinguei o atendente! E talvez grite e faça de novo e de novo. Mas sempre observe. Chegará o dia em que conseguirá parar um segundo antes de explodir e perceber que tem o poder de escolha, que não precisa viver de maneira inconsciente e repetida por gerações.

PERFIL PAPAI E MAMÃE

Como é fundamental conscientizar-se dos padrões de comportamentos dos seus pais, que você ainda expressa no dia a dia, proponho um exercício para ajudá-lo a reconhecer qual era o perfil dos seus cuidadores, algo bastante útil no processo de autoconhecimento.

Em uma folha de papel, escreva pelo menos trinta comportamentos (positivos e negativos) dos seus cuidadores. Depois da lista finalizada, sugiro que analise os resultados olhando para si mesmo e tentando reconhecer alguns desses padrões na sua conduta.

A seguir, compartilho um exercício mais completo, para que você se aprofunde na autoanálise.

GRAVADOS E PADRÕES DE COMPORTAMENTO

A seguir, apresentarei a você uma lista de gravados; o objetivo é que você se conecte profundamente com quem você é. A ideia é marcar um X em todos os gravados que conseguir identificar como limitadores na sua vida e escrever ao lado com quem você os aprendeu. Talvez tenha desenvolvido esse padrão porque alguém com grande influência na sua vida também o tinha, ou porque conviveu com esse comportamento e decidiu agir de maneira completamente oposta.

É importante lembrar que tudo o que você aprendeu faz parte de quem você é, mas é possível se libertar disso ao identificá-lo agora com este exercício. Seja sincero. Caso se lembre de algo que não esteja na lista, sinta-se à vontade para acrescentar.

Exemplo:
Crítica – **MÃE**

A força é que manda
Abusa de animais
Acomodado no trabalho
Agride fisicamente
Agride verbalmente
Ambicioso
Amedronta com o olhar
Amedrontador
Bate na(o) parceira(o)
Briguento
Brusco
Castigador
Castrador
Cheio de segredos
Compulsivamente honesto
Corre riscos irresponsavelmente
Criado por parentes ou outras pessoas
Cruel
Dado para adoção
Debochado, cínico
Desafiante
Desempregado
Desonesto
Destrutivo
"Dinheirista"
Distante
Enrolador
Espectador
Explosivo
Faz sermões ameaçadores
Fere com palavras

Frio

Ganancioso

Gastador

Generalizador

Grita e berra

Grosso

Humilhador

Impaciente

Impassível

Inseguro no trabalho

Insultante

Intimidador

Irritante

Jogador

Justificador

Ladrão

Mal-humorado

Manipula com dinheiro

Materialista

Mau gênio

Medo da pobreza

Medo de arriscar

Medo de perder tudo

Mentiroso

Mesquinho

Não come

Não mostra o que sente

Não quer viver

Não se comunica

Não se entrega

Não se envolve

Narcisista (vive se adorando no espelho)

Nervosinho

Novo rico

Nunca tem tempo

Obriga o outro

Oportunista

Orgulhoso

Pavio curto

Pensamentos suicidas

Perfeccionista

Planejador

Poucos ou nenhum amigo

Poupador

Presente sem estar presente

Prolixo (fala muito para dizer a mesma coisa)

Puxa-saco

Questionador

Racionalizador

Raiva fria

Raivoso, hostil

Raramente elogia

Raramente está em casa

Rejeita antes de ser rejeitado

Repressor

Ressentido, guarda rancor

Revoltado, rebelde

Rotineiro

Rude

Sádico

São Tomé (precisa ver para crer)

Se desvaloriza, baixa autoestima

Se irrita facilmente

Sedutor

Sem ambição

Sem compaixão

Sem emoção

Sem iniciativa

Separou-se do cônjuge
Sonso
Superemotivo
Superficial
Superprestativo
Vaidoso
Vingativo
Violento
Xinga
Zangado

Acesse o QR code a seguir ou digite o link no seu navegador para terminar o exercício.

https://rosanadecleva.com.br/conteudosextras

O SEGREDO

Não sei se você conhece bioenergética ou biossíntese, técnicas que se utilizam muito do movimento do corpo – e também aplico nas minhas imersões. Quando participei pela primeira vez, lembro que chorei por umas quatro horas seguidas. Foi um processo muito profundo e extremamente revelador, que permitiu que eu me abrisse por completo e expusesse a minha maior dor, a origem de tudo.

Se você tem um segredo, precisa contá-lo. É como se tivesse que se confessar e libertar-se de algo pesado, sabe? Quando você fala sobre o seu segredo, é como se o cérebro elaborasse melhor esse algo que estava oculto. É a mesma coisa que acontece quando duas pessoas estão conversando e surge uma ideia, algo diferente, porque estamos sempre elaborando as coisas e procurando entendê-las melhor.

Enquanto não falamos sobre o nosso segredo, podemos chegar a um lugar de tensão e estresse, aumentando ansiedade, depressão e até mesmo a desconexão com os nossos princípios. Muitos segredos estão ligados a escapismo, ou seja, à fuga, permitindo que o cérebro se afaste das pressões e responsabilidades do cotidiano. A confissão permite que você compartilhe os seus segredos, que podem ser fonte de culpa, ansiedade e vergonha. Ao verbalizar, você poderá perceber padrões de comportamento e o que fará com eles a partir desse momento. Confessar significa reconhecer erros e falhas. Esse reconhecimento é crucial para o crescimento pessoal, pois você estará dando um passo enorme e se tornando o herói da sua história.

Mas, enquanto você não confessa, o segredo permanece sem ser devidamente processado ou compreendido. Portanto, liberte-se dele, compartilhando-o com o terapeuta ou em um evento terapêutico ou em uma dinâmica, com pessoas confiáveis. Converse com um profissional se tiver dúvida a quem contar.

Vamos continuar a nos aprofundar nas ferramentas do Método Decleva, para saber como mudar tudo que está acontecendo com você. Seguiremos juntos!

CAPÍTULO 7:

COMO MUDAR TUDO ISSO

PASSO 3

No Passo 3 do Método Decleva, mostrarei que você pode desenvolver qualquer habilidade e construir o futuro que sempre quis. Você não é o teste DISC nem o perfil identificado nos exercícios; afinal, eles só fornecem uma fotografia do seu momento de vida, o qual pode ser alterado completamente, com esforço e envolvimento na transformação pessoal.

Veremos técnicas práticas que podem ajudá-lo a desconstruir esses padrões de comportamento, passando por perdão e autoperdão, compaixão e gratidão, com exercícios e meditações guiadas, para mudar tudo que está acontecendo no seu presente.

PERDÃO E AUTOPERDÃO

Ao longo de dez anos, eu mantive distanciamento do meu pai, e isso afetou profundamente a minha vida. Quero compartilhar com você como o perdão que estendi tanto a ele quanto a mim mesma se tornou um dos segredos do meu sucesso ao reprogramar a vida.

Na época em que voltei a falar com o meu pai, pensei como seria difícil apresentar o meu noivo a ele, depois de tanto tempo sem contato. Foi nessa época que aprendi, na prática, que o perdão é uma ferramenta poderosa para a reprogramação da vida, e que eu só poderia seguir em frente e ter uma vida de abundância se o perdoasse. Então, decidi dar o primeiro passo e marcar um encontro. Foi um processo complicado, mas, com a ajuda do perdão, pude finalmente superar as mágoas e os ressentimentos.

E qual é a mecânica do perdão? Como o perdão pode ajudar a alcançar o sucesso? O primeiro ponto é você saber que pedir perdão não é se humilhar nem se rebaixar, mas sim deixar para trás o que o prende, libertando-o de cargas emocionais.

O meu pai, muitas vezes, foi bastante ríspido, autoritário e inflexível, apenas porque estava irritado ou chateado diante do meu comportamento. Pensando sobre todas as situações vividas na infância, percebi que não fui uma criança fácil; eu era bem mais arteira que a minha irmã. Porém, mesmo acreditando que merecia os castigos e as surras, quanto mais fundo mergulhava na minha história, mais percebia que todas as punições físicas e as broncas tinham me magoado profundamente, porque faziam eu me sentir humilhada, injustiçada e vulnerável. E, por tudo isso, comecei a acreditar que ninguém merecia pais como os que eu tinha.

O que pensamos quando sabemos que alguém comete um crime? Geralmente queremos punir, condenar, sentimos raiva, indignação, desejamos que a pessoa sinta a dor que causou à outra. E a solução para não sentirmos isso é saber que todos podem aprender com os erros e que a compaixão é um sentimento a ser despertado em nós.

Em 1968, foi realizado um estudo conhecido como Efeito Pigmaleão, que comprova que as crianças aprendem muito mais quando enaltecemos as qualidades e os comportamentos adequados do que quando as punimos.[42] Isso pode ser aplicado a adultos também e é a base da psicologia positiva.

Lembro que conheci uma mulher na China, logo que me mudei. Naquela época, viviam aqui algumas brasileiras, e entre elas havia uma "famosa". Todas as mulheres tinham brigado com ela e, então, fui conhecê-la, pois queria ter a minha própria opinião. Acontece que ela era mesmo um tanto magoada e ressentida e, um dia, não me lembro ao certo o que fez,

---

[42] KLEINA, O. O impacto das expectativas: conheça o efeito pigmaleão. **PUCPR Digital**, 14 nov. 2023. Disponível em: https://posdigital.pucpr.br/blog/efeito-pigmaleao. Acesso em: 2 out. 2024.

mas lembro exatamente como eu reagi: mandei uma mensagem, da qual me arrependo até hoje, pois fui impulsiva, grosseira, arrogante e agressiva. Eu honestamente espero poder encontrá-la outra vez para pedir perdão. Senti-me culpada e ressentida por aquela atitude, pois não entendia que, mesmo me sentindo mal com o comportamento dela, não precisava reagir daquela maneira. Podia ter ignorado ou apenas dito a ela o quanto aquele comportamento havia me magoado.

O ponto mais importante dos nossos comportamentos é que podemos aprender com eles. Então, hoje eu agiria diferente em relação àquela mulher. Todo mundo faz o que está ao seu alcance. Se alguém feriu você, gerou mágoas, intencionalmente ou não, fez isso porque era o "melhor" que podia fazer, era o que sabia fazer. Entender isso e exercer a **autorresponsabilidade** é o melhor caminho para a decisão do perdão, pois reconhecer que o sentimento é seu e decidir o que fazer com ele é maravilhoso, porque está tudo dentro de você.

Voltando à história com o meu pai, lembro que era um final de tarde quando marquei o encontro com ele em um bar com algumas mesinhas, onde serviam comidas rápidas. Haviam se passado dez anos, mas para mim era como se tivesse sido ontem. Jamais esqueceria aquele olhar forte. Eu me recordava claramente do semblante dele, mesmo depois de todo aquele tempo sem nenhuma palavra trocada. Ele não tinha se arrependido das surras e grosserias, não falou em nenhum instante que poderia ter feito diferente, por mais que estivesse me pedindo perdão. Eu não soube ao certo o motivo do perdão e lembro que não me conformei.

Depois dessa experiência, foi como se algo tivesse mudado na minha vida. Não que eu fosse esquecer tudo, mas comecei a pensar e falar sobre aquilo sem ressentimento. O perdão é a decisão de soltar o que não está fazendo bem, aquela mágoa que está alimentando, a dor de estômago que surge quando se está no mesmo lugar que a pessoa. O perdão é primeiramente uma decisão muito inteligente e, depois, um processo. Eu não o perdoei naquele dia, nem no seguinte. Demorou um pouco. Fui apenas permitindo que a mágoa se diluísse a cada encontro, a cada abraço. Foi a melhor decisão da minha vida. Enfim, tudo estava melhor e, aos poucos, fui me sentindo mais leve, as minhas orações melhoraram, tudo parecia fluir.

Quando conseguimos entender o que é nosso e o que é do outro, muitas coisas são perdoadas e entendidas.

Por fim, conseguimos estabelecer uma nova relação. Sei das dores que o meu pai me causou, mas agora reconheço que também me transmitiu valores, como honestidade, responsabilidade e comprometimento, que fizeram de mim uma pessoa digna e do bem. Aprendi a perdoar a minha irmã, a minha mãe e as minhas primas – que, assim como eu, tiveram que lidar com "demônios" internos. Com autoconsciência e perdão, eu não relacionava mais o amor à dor, e conquistei ainda mais o amor-próprio.

Muitos mentorados me perguntam sobre o perdão. Explico que é como se alguém carregasse algo bem pesado, mas bem pesado mesmo, amarrado em si. Em vez de desatar o nó, a pessoa fica apenas repetindo: "Vê como ela me magoou, como ele me magoou, me agrediu, fez isso, aquilo? Nossa, fiquei destruída e, por isso, não posso perdoar" ou "Eu até posso perdoar, mas e se ele fizer de novo? Como que eu faço?".

Quando decidimos perdoar, muitas vezes pensamos que o outro tem que mudar. Dificilmente focamos a nossa mudança, que precisamos assumir o erro. Isso nem sempre acontece. Se a pessoa quer perdoar esperando que o outro mude, costumo dizer que guarde o perdão para si, pois essa mudança alheia não acontecerá. Não conseguimos mudar ninguém. Só conseguimos mudar a nós mesmos.

PERDOAR É UMA DECISÃO. O PERDÃO INDEPENDE DO OUTRO, E O CAMINHO É SÓ SEU. É A SUA LIBERTAÇÃO.

Esse processo de listar os comportamentos dos nossos cuidadores, reconhecê-los e perceber como reproduzimos tudo isso no dia a dia nem sempre é fácil, mas é extremamente necessário e urgente. Em geral, quando fazemos terapia, acabamos terceirizando esse reconhecimento e não nos envolvemos tanto. É como se esperássemos que o terapeuta fizesse essa análise dos padrões de comportamento que repetimos inconscientemente e os resolvesse para nós. É muito cômodo. No entanto, precisamos nos envolver de modo mais profundo na cura, lembrando-nos de tudo que passamos,

Como mudar tudo isso

percebendo os padrões e trazendo-os para a consciência, a fim de desfazê-los um a um, até que consigamos chegar à nossa essência mais pura, ao nosso verdadeiro eu.

O PRIMEIRO PASSO É OLHAR PARA A NOSSA HISTÓRIA, PERDOÁ-LA PROFUNDAMENTE, EM TODOS OS SEUS ASPECTOS, E QUERER SER PROTAGONISTA DA NOVA HISTÓRIA QUE CONSTRUIREMOS.

Antes de perdoarmos o outro, precisamos do autoperdão, reconhecendo que todos cometemos erros. O autoperdão é um passo necessário para a sua libertação.

Quando perdoei o meu pai e pedi perdão a ele, eu realmente o perdoei. Como disse, não foi no mesmo dia, foi um processo, pouco a pouco. Depois daquela conversa, o que me lembro bem é que a primeira coisa que falei para a minha irmã foi: "Ele até me pediu perdão, mas não se arrepende de nada do que fez". E essa fala me trouxe uma consciência de que queria que ele mudasse, sempre quis, a vida toda, lógico. Quando o outro muda, a vida fica mais fácil, não é assim? Mas o meu perdão não era somente isso, eu estava com outra intenção: a de me libertar de todo o ressentimento que vinha carregando ao longo da vida.

E então comecei a pensar sobre perdão. Porque perdão não é querer que o outro mude. Todo mundo que vem falar de perdão comigo tem essa intenção, porque foi a minha também. Queria que o meu pai mudasse, que me pedisse perdão de uma maneira genuína, eu queria que ele tivesse outros comportamentos após aquele pedido de perdão. Esse era o meu sonho, mas na verdade não se trata disso; trata-se de nós, de como nós perdoamos. Foram dez anos sem falar com ele; você consegue imaginar o quanto de peso eu carregava? Tudo bem, posso até ter deixado de me magoar um pouco durante esse tempo todo, mas devo ter perdido muita coisa, porque o meu pai é um cara espetacular, autêntico, maravilhoso, engraçado, divertido. Tem certas questões, mas não há quem não goste dele.

Sempre queremos que o outro mude, porque assim fica mais fácil para nós; diminui o nosso trabalho e esforço. Isso é neural, é o cérebro falando que é melhor dessa maneira.[43] Só que não. Precisamos olhar para nós mesmos, entender que temos o poder de mudar o nosso mundo interno e o externo, pois a chave da mente está nas nossas mãos.

Essa engenharia emocional está ligada ao nosso sistema de segurança, pois é difícil nos desligarmos do mundo que os nossos pais moldaram para nós. De certa forma, só depois que saímos daquele núcleo familiar é que começam realmente os desafios da vida: quando iniciamos a faculdade, vamos morar sozinhos ou nos casamos, e tudo passa a ser diferente de quando estávamos "protegidos" na casa de infância.

A neuroplasticidade prova o quanto podemos aprender com qualquer idade. Só que temos que forçar os novos comportamentos de início. Imagine que você tomou consciência, perdoou, pediu perdão, mas não forçou esse novo comportamento de compaixão, de consciência, não reforçou os seus pensamentos positivos, não fez nenhuma meditação depois. Isso o levará de volta, em um instante, aos pensamentos antigos. Pode ser que você nem tenha saído deles de fato.

Mesmo depois disso tudo, talvez você ainda me pergunte: "Rosana, por que é importante perdoar?".

Porque você se liberta dessa carga que carrega sobre os ombros, que consome muita energia na sua vida. É difícil perdoar, porque você precisa largar tudo aquilo que viveu. É como se você estivesse com pesadas correntes que prendem os seus movimentos, como se trouxesse consigo uma mala cheia de pedras enormes, sem saber o porquê. Quando perdoamos, nos livramos desse peso, dessas correntes, voltamos a caminhar leves. Essas pedras representam o desamor, a dor, o ressentimento, um monte de coisa acumulada, lixo psíquico e emocional reunido no decorrer dos anos. O tempo todo, só queremos ser felizes, mas não tem jeito de ser feliz sem perdoar. Não dá para ser feliz arrastando tanta mágoa.

---

[43] QUER APRENDER algo novo? Saia da sua zona de conforto. **Época Negócios Online**, 30 out. 2018. Disponível em: https://epocanegocios.globo.com/Carreira/noticia/2018/10/quer-aprender-algo-novo-saia-da-sua-zona-de-conforto.html. Acesso em: 2 out. 2024.

Falamos sobre ser positivo, otimista, mas como construir um presente e um futuro se estamos carregando o passado? Somos os nossos pensamentos; então, como é possível construir algo novo gastando energia para carregar tanto peso?

A vida é uma oscilação constante entre o que controlamos e o que não, sendo que a única segurança que temos é a de que os ajustes da rota dependem só de nós. Todo esse processo começa com o pensamento. Se mudarmos o pensamento, mudamos o comportamento, o que desencadeia uma série de efeitos.

Ao se perdoar, você passa a se olhar com admiração, com dignidade, começa a se amar diferente, se apaixona por si mesmo, vê que é uma pessoa que merece mais e que tem falhas como qualquer ser humano. Começa a viver essa relação internamente. O autoperdão beneficia não só quem se perdoa, mas também as pessoas ao redor. Mudar aquilo que acreditamos sobre nós traz como consequência direta o amor-próprio, que aumenta um pouquinho todo dia.

A felicidade não depende do que você é ou do que tem, mas exclusivamente do que você pensa.

EXERCÍCIO DO PERDÃO

Quando obtive maior entendimento sobre o perdão, resolvi falar com todos aqueles que, algum dia, eu havia ofendido ou maltratado. Como contei antes, percebi que eu era muito parecida com o meu pai (até o meu nome é a junção do nome dos meus pais – Rosalvo e Ana). Eu estava estragando inúmeros relacionamentos com as minhas ações. Então, fiz uma lista do perdão, que era enorme. Levou quase um ano para falar com todos!

Com a lista feita, fui me encontrando com as pessoas e pedindo perdão, sem segundas intenções, sem querer ganhar nada nem mudar essas pessoas, só me colocando ao dispor, concordando com as reclamações (elas estavam certíssimas em muitos pontos) e pedindo que me perdoassem. Foi como se tivesse tirado uma tonelada das minhas costas. Fiquei surpresa, pois muitas das pessoas com quem conversei foram queridas, e percebi que desejavam manter contato. Outras foram ríspidas, e me coloquei na condição de ouvinte.

Uma parte delas nem quis conversar. Mesmo assim, foi uma libertação, um alívio enorme.

Proponho que você também faça a sua lista do perdão, pensando em ações ou palavras que podem ter machucado outras pessoas. Escreva todos os nomes que vêm de imediato à sua mente. Sugiro que comece hoje. Você deve mandar uma mensagem assim: "Olha, podemos nos encontrar? Quero conversar com você. Preciso dizer algo muito importante". É assim, porque não tem jeito. Mas um detalhe fundamental: não vale pedir perdão por meio de aplicativos de mensagens ou redes sociais, porque não faz efeito algum.

Identifique as pessoas para quem você sente que precisa pedir desculpas, liste os nomes. Podem ser amigos de infância, familiares, colegas do trabalho e conhecidos. Ao lado de cada nome, anote brevemente a razão pela qual você sente que deve pedir perdão. Isso pode ajudar a organizar os pensamentos. Comece pelas pessoas com as quais se sente mais confortável. Depois de completar a lista, marque o encontro e peça perdão de maneira sincera e respeitosa.

Durante esse processo, tenha em mente que perdão não é algo que acontece de modo rápido, que você vai lá, fala e, pronto, está perdoado. É um processo. Mas, depois de dar o primeiro passo – quando se arrepende –, aciona uma energia muito forte, que desencadeia uma série de situações. Essa energia é Deus, que cada um chama da maneira que quiser. Eu acredito por completo nisso, porque a minha vida mudou a partir do momento que dei esse primeiro passo.

Quando damos início ao processo do perdão, o Universo tende a aproximar as pessoas certas de nós, levando-nos para um caminho diferente daquele em que estamos. Quando fazemos o movimento, necessariamente vem uma onda de resultados. Trata-se de uma expansão da consciência em relação a algo, revendo pontos do nosso comportamento, e isso reverbera.

O segredo para que esse mecanismo funcione é interessante: você precisa se perdoar e pedir perdão, mas precisa ser por meio de alguma ação, não só com o pensamento. É preciso ir lá e falar: "Olha, me perdoa". É como se você fizesse um movimento para que algo maior que nós possa mover os próximos eixos dessa grande engrenagem celestial. E um peso sairá dos seus ombros, você ficará mais leve, em paz, e o mundo passará a ser bem diferente para você.

Como mudar tudo isso

Nada nem ninguém, em nenhum lugar, tem poder sobre você, pois somos os únicos com esse poder, que é mental. Você é o único com a chave para criar a sua realidade e atrair a vida que deseja. Muitas vezes, esquecemos que a chave para uma vida sem limites está disponível, e então abrimos mão do nosso poder culpando outra pessoa pela frustração.

Quando criamos paz, harmonia e equilíbrio na mente, encontramos o mesmo na vida.

MEDITAÇÃO: PERDÃO E AUTOPERDÃO

Gostaria de propor que olhe para trás e perceba como você já começou a mudar, como não é mais a mesma pessoa que era ao iniciar a leitura deste livro. Algo aconteceu dentro de você. A mudança já está ocorrendo, porque grande parte da sua história está mais consciente, algumas cenas foram lembradas (mesmo que algumas ainda estejam um tanto nebulosas), acontecimentos vieram à tona.

Pode ser que, ao responder ao exercício sobre os padrões de comportamento dos seus pais, você tenha se dado conta de que tem comportamentos muito parecidos com os deles, mesmo que não queira. Talvez tenha visto que a sua mãe era extremamente arrogante e controladora, e que você tem reproduzido esse perfil. Ou que o seu pai era muito amoroso e gentil, e isso também faz parte da sua conduta hoje. O bom e o ruim de cada um deles vêm se misturando ao seu jeito de ser, e pode ser que você só tenha se dado conta disso agora. Pode doer saber dessas coisas, mas o diagnóstico é sempre o passo mais importante; sem ele, não há tratamento. Não tenha medo de admitir, pois isso faz parte do seu processo de crescimento e aprendizado.

Gostaria de convidá-lo a uma meditação guiada. Acesse o QR code a seguir ou digite o link no seu navegador.

https://rosanadecleva.com.br/conteudosextras

COMUNICAÇÃO RESPONSÁVEL

Tudo vem da comunicação, da maneira como nos expressamos, compartilhamos sentimentos e informações, e nos responsabilizamos por isso. Tudo também tem relação com o que produzimos para o mundo e com a nossa interação com o meio em que vivemos e atuamos. Alguns dos meus pacientes, por exemplo, só sabem reclamar, dizendo que está tudo muito difícil. E eu pergunto: "O que você faz com isso? Como eu posso ajudar você se o problema está no outro?". Esse é um problema grave, porque podemos auxiliar, mas a pessoa precisa se ajudar primeiro. Quem quer ficar perto de alguém assim, que só reclama, só critica? É importante ter consciência disso também. O mundo traz coisas com base no que você fala.

Então, como estamos fazendo as coisas? Como estamos nos comunicando com o mundo? De que maneira nos expressamos com os outros? Podemos ouvir o que o outro diz e responder algo que parece importante, mas se não somos bem compreendidos, se não estabelecemos uma comunicação assertiva, precisamos começar a refletir. Talvez não estejamos sabendo nos expressar. A comunicação depende do comunicador. Não tem jeito. Então, quando o modo que usamos para nos comunicar não é efetivo, só resta ter consciência disso e procurar fazer melhor.

Na prática, o que temos que fazer, então? Olhar para nós mesmos, ter consciência dos padrões que ainda podem estar sendo replicados no nosso dia a dia e que transparecem na forma como nos comunicamos com o mundo. Se você for agressivo, falará agressivamente, agirá agressivamente, dirigirá o seu carro dessa maneira, porque você é assim, esse é o padrão que prevalece no seu comportamento. Contudo, é preciso identificar isso, para que seja possível refletir e decidir como mudar, começando pela comunicação.

Uma vez ouvi, de um velho amigo, uma frase que levo comigo: "Não perca a chance de ser legal!". Nem sempre queremos ser legais, pois estamos com pressa, vivendo um dia desafiador, ou talvez cansados, mas não podemos nos esquecer de que as nossas ações e palavras afetam os outros. Nem sempre nos expressamos com clareza, nem sempre somos diretos ao expressar ideias e sentimentos e queremos que o outro adivinhe, não é assim?

O que deixamos de levar em conta é que, quando não nos comunicamos claramente, isso pode causar mágoas, brigas e conflitos.

Você impacta a vida das pessoas só por existir. E como está impactando a vida das pessoas: de modo positivo ou negativo? Você consegue se comunicar e defender as suas ideias e os seus direitos sem ser agressivo ou passivo?

Outro ponto importante da comunicação, do qual não podemos nos esquecer, é que, por mais que estejamos muito atarefados, correndo de um lado para o outro, precisamos reconhecer o outro, ouvir a sua opinião, mesmo sem concordar com ela. A **escuta ativa** também faz parte da comunicação. Prestar atenção ao que os outros dizem e mostrar o quanto valoriza a sua opinião faz com que os seus relacionamentos melhorem.

E, por fim, ressalto a importância do uso do pronome "eu" para expressar como você se sente. Por exemplo, dizer "eu me sinto frustrada quando você diz que vem para casa às 6 horas da tarde e chega às 8 horas da noite", em vez de "você sempre faz isso! Fala que vai chegar mais cedo e me deixa esperando!".

Precisamos cuidar, também, para nos comunicarmos sem julgamentos. E isso é muito difícil, pois todos nós, em algum grau, julgamos. Afinal, isso é um mecanismo de defesa da nossa dor. Não é que queiramos o mal do outro, apenas precisamos defender a nossa criança interna. E então criticamos, julgamos, somos violentos e agressivos. (Ou talvez os meus pais tenham sido assim e a tendência de ser igual, como você já sabe, é enorme, e levei isso como certo durante muito tempo.) Quando entramos na crítica, no julgamento, temos uma **comunicação não assertiva**, porque vamos falar do outro, fofocar, inventar, aumentar algo que foi dito. No final, só estamos protegendo a nossa criança que está ferida e que precisa se curar e crescer, estamos replicando os padrões aprendidos.

Comunicação é tudo. E a proposta aqui é que você teste essa comunicação. Ao fazer isso, pode ser que sinta que conquistou mais harmonia ao seu redor, que o convívio melhorou, que há mais sorrisos. Talvez você se sinta mais relaxado, porque percebeu que não precisa brigar o tempo todo, confrontar, defender a sua ideia como se fosse uma bandeira, uma batalha a ser vencida. Pode acontecer o início de uma gestão das emoções, o gerenciamento da sua conduta, pouco a pouco.

Na meditação a seguir, conduzirei você à desconstrução desses padrões de comunicação, o que pode ajudá-lo a transformar cada comportamento. Basta dar o primeiro passo; os demais são consequência, como se você disparasse um movimento fluido e natural.

MEDITAÇÃO: DESCONSTRUÇÃO DOS PADRÕES

A desconstrução desses padrões de comportamento aprendidos é o ponto-chave da sua transformação, e é exatamente isso que trabalharemos nesta fase, após a conscientização. Gostaria de convidá-lo a uma meditação guiada. Acesse o QR code a seguir ou digite o link no seu navegador.

https://rosanadecleva.com.br/conteudosextras

VOCÊ PREFERE ESTAR CERTO OU ENCONTRAR A PAZ INTERIOR?

Todo mundo acha que tem razão, não é assim? As brigas e os conflitos geralmente nascem dessas disputas. Defender o nosso ponto de vista é importante porque mostra que existimos, temos uma opinião, um parecer sobre algo, o que é muito saudável. Contudo, frequentemente entramos em situações desnecessárias, não ouvimos todas as partes envolvidas, vestimos a fantasia de gladiadores e partimos para embates, apenas por orgulho ou autopreservação.

Na realidade, podemos pensar de determinado modo hoje, mas de outro depois, porque tudo se modifica, fatos acontecem, situações se sucedem, e nós mudamos todos os dias, assim como as nossas opiniões. E, mesmo assim, seguimos acreditando que temos razão.

É preciso começar a perguntar o porquê. Por que damos atenção apenas à nossa razão? Por que só nós estamos certos? Por que é sempre o nosso ponto de vista que deve ser privilegiado? Será que é ego, porque queremos ser mais que alguém, queremos ser superiores, achando que a nossa verdade é maior que a do outro? Será que é carência, necessidade de sermos admirados? Ou uma necessidade de sermos ouvidos? Estamos dispostos a ouvir o outro?

E QUANDO É O OUTRO NOS OUVINDO, CONSEGUIMOS IMPOR A NOSSA VERDADE? ACEITAMOS QUE NÃO ESTAMOS SEMPRE CERTOS? PARAMOS PARA OUVIR O QUE O OUTRO TEM A DIZER?

Então, podemos começar a entender que não sabemos a história inteira do outro, não conhecemos o contexto de vida, os valores, todos os elementos envolvidos em cada situação. Não entendemos por que um casal está se divorciando de uma maneira tão tumultuada, não conhecemos todo o percurso deles, não sabemos o que eles pensaram e falaram um para o outro. Não temos certeza se o que pensamos é realmente verdade. E, à medida que vamos nos aprofundando nos relatos, as coisas tomam novas formas, ganhando outra dimensão.

Todo mundo está certo dentro da sua própria verdade. Todos têm razão, de alguma maneira, porque usam o que sabem para analisar cada situação. Fazem o seu melhor diante do que conseguem enxergar. Portanto, todos têm razão ao mesmo tempo. Por isso, é importante exercitar a flexibilidade a cada instante, acalmar aquela energia interna (ou mesmo a fúria) de querer estar certo sempre.

Percebo com muita clareza esse movimento quando observo os meus arredores. Aqui na China, convivemos com pessoas do mundo inteiro e compartilhamos experiências e ideias, o que me traz ensinamentos valiosos e possibilita que eu desenvolva ainda mais a minha empatia.

Os meus filhos são de nacionalidade norte-americana. Tomei essa decisão por inúmeras razões, que não vêm ao caso agora, mas o que quero mencionar aqui é que muitas pessoas têm o "sonho americano", pois lá o espírito empreendedor e o acesso a diversas coisas são diferentes do Brasil. Por outro lado, aqui na China muitos me perguntam – meio bravos e contrariados – por que tive os meus filhos nos Estados Unidos. O que me dizem é que o consumo lá é desenfreado, e a superficialidade de algumas relações é horrenda. A questão é que todo mundo tem razão, do seu ponto de vista. Todo mundo. É próprio do ser humano defender as suas verdades, porque é o que cada pessoa viveu e aprendeu, são os seus modelos de crenças e programações. Todos estão tentando se comunicar, mas apenas defendem as suas próprias ideias, e geralmente sem ouvir o outro. É bonito ver a diversidade de culturas, mas é difícil chegar em um consenso, na maioria das vezes.

Sinto que essa opção de querer estar sempre certo traz uma faceta de nós mesmos que, frequentemente, está escondida e aflora nas disputas de opinião e situações de estresse. Vejo como uma sombra, como já comentei, que nasce lá atrás, para proteger a minha criança interna, ferida em algum ponto. Mas deixar que isso se manifeste sempre é realmente um ponto de tensão nas relações, além de ser uma perda de energia constante, a qual poderia ser usada para a sua felicidade. Também está ligada a uma necessidade de ser mais e melhor que os outros, então se conecta com o orgulho, a soberba e até certa arrogância de se mostrar superior e diferenciado. E todos saem perdendo, porque essa energia gasta faz definhar o que poderia ser um processo de aprendizado constante, em que você se abre para conhecer o universo do outro, deixando que uma nova possibilidade esteja sempre presente.

Reconhecer o outro é algo fundamental e proporciona os ensinamentos mais profundos e necessários. Todos têm conhecimentos diversificados. O marceneiro conhece muito sobre madeira, o pintor sabe tudo sobre a mistura e a textura das tintas, você pode saber como costurar um vestido de noiva com perfeição. Portanto, a abertura ao outro permite-nos expandir os nossos conhecimentos e as nossas experiências, para crescermos juntos.

Então, todo dia, precisamos aprender um pouquinho mais, procurando nos perguntar: *Como eu posso ser melhor? Como posso perceber que não sou o único com razão?* Algumas vezes, só decidir não ser o dono da verdade já basta, pois o prazer de colocar isso em prática é muito maior do que ter razão. Precisamos ouvir atentamente o que o outro tem para dizer e pesar cada palavra, captar e entender que a razão dele também é importante e faz sentido. Ou, se não fizer, devemos ponderar e analisar, chegar em algum consenso que traga paz e harmonia para as relações.

Em uma ocasião, ouvi uma história sobre uma mulher recém-casada, nos anos 1960, que era professora de economia doméstica e havia se casado com um homem meio bagunceiro. A moça queria deixar a casa linda, com toalhinhas bordadas por ela mesma, tudo arrumadinho. Para o marido, isso não tinha a mínima importância; ele costumava jogar as roupas pelo chão e até colocava o carburador cheio de graxa em cima da mesa. Ao reclamar para a mãe, a moça ouviu o seguinte alerta: "Filha, você quer ter um marido ou toalhinha bordada em cima da mesa?". Claro que é possível ter os dois, mas é essencial entender que as pessoas têm os seus próprios limites e nem sempre estão abertas a mudar hábitos e aprender o novo.

Portanto, reflita: você prefere estar certo ou encontrar a paz interior? Pergunte-se o que você quer. Se é ter sempre razão, talvez acabe isolado, porque todos querem ter razão. Não se trata de se anular, mas de entender os limites das pessoas e lembrar que todos têm razão de alguma maneira, dentro das suas verdades. Porque, se insistirmos em ter sempre razão, perderemos a oportunidade de conhecer o outro e o seu universo. Quando permitimos que o outro se manifeste, aprendemos mais e crescemos, evoluímos. Opte pelo caminho da paz e da harmonia, e você perceberá que o ambiente à sua volta mudará completamente. No final, é só isto que importa: quanto aprendemos e como conseguimos mudar, expandir, SER. Que seja um passo de cada vez, mas que esse caminhar seja persistente e constante, sem retrocesso, só olhando para a frente e se perguntando como é possível se aperfeiçoar todos os dias.

A minha irmã costumava cantar uma música evangélica que diz assim: "E que diminua eu, pra que Tu cresças, Senhor, mais e mais".[44] Depois

---

[44] DAVI Sacer - Tua Graça me Basta (DVD No Caminho do Milagre). 2023. Vídeo (7min14s). Publicado pelo canal Você Adora (Som Livre Gospel). Disponível em: https://www.youtube.com/watch?v=4yo_rOSnb_g. Acesso em: 2 out. 2024.

descobri que essa frase está no Evangelho de João, que diz: "Importa que ele cresça e que eu diminua. Aquele que vem de cima é superior a todos. Aquele que vem da Terra é terreno e fala de coisas terrenas. Aquele que vem do céu é superior a todos".[45] É exatamente isso. Acredito que seja preciso diminuir a nossa verdade – porque ela não é para todo mundo, não é algo absoluto e certo – para que as coisas possam crescer. No final, são pontos de vista, são maneiras de interpretar, é o jeito como vemos as coisas, e cada um tem um jeito.

A lembrança dessa canção me traz o sentimento de colocar-me menor nas cenas e permitir que o outro cresça, não me abnegando ou me submetendo ao outro, mas deixando que seja ele mesmo, desempenhe o seu papel e brilhe. Quem tem mais entendimento costuma aceitar melhor essa ideia, sem se sentir menor ou deixado de lado, mas fazendo isso como uma manifestação de bondade e sabedoria. Trata-se de nos modificarmos para o mundo ser melhor. Porque quem muda é você, e não o outro.

Continuamos a nossa caminhada rumo ao Passo 4 do Método Decleva, em busca do novo eu que construiremos, abrindo mão das vestes que usamos até aqui. Seguimos confiantes, juntos!

---

45 BÍBLIA. Português. **Bíblia Ave Maria On-line**. Editora Ave Maria. Disponível em: https://www.bibliacatolica.com.br/biblia-ave-maria/sao-joao/3/. Acesso em: 12 ago. 2024.

CAPÍTULO 8:

EU RENOVADO

PASSO 4

Há uma expressão, comumente atribuída a Sigmund Freud, que diz que "as emoções não expressas nunca morrem. Elas são enterradas vivas e saem das piores formas, mais tarde".[46] Amplio essa visão, dizendo aos meus mentorados que o que vivemos nunca morre, e esses sentimentos e comportamentos se expressam das piores formas, ao longo da vida. Então, só nos resta querermos ser melhores e incorporar novos comportamentos, vivendo com sabedoria, tendo coragem de nos transformar, cultivando pensamentos positivos e estabelecendo uma conexão verdadeira conosco e com todos os lugares onde usamos os gravados que estão dentro de nós.

No Passo 4 do Método Decleva, você receberá mais ferramentas para o seu autoconhecimento, criando um mapa do seu novo eu, em uma versão mais aprimorada de SER.

VOCÊ SE AMA?

"Amarás o teu próximo como a ti mesmo."[47] Essa frase foi dita por um grande mestre, há mais de dois mil anos, e tal verdade continua viva desde então.

---

[46] SIMÕES, T. Sigmund Freud (1856-1939). **Consciência**, 5 abr. 2018. Disponível em: http://www.tomsimoes.com/2018/04/sigmund-freud-1856-1939.html. Acesso em: 2 out. 2024.

[47] BÍBLIA. Português. **Bíblia Ave Maria On-line**. Editora Ave Maria. Disponível em: https://www.bibliacatolica.com.br/biblia-ave-maria/levitico/19/. Acesso em: 2 out. 2024.

A base da vida é o amor-próprio, como se fosse a fundação da estrutura que será construída sobre ela. Amando-se, você terá forças para mudar e viver plenamente.

Não precisamos esperar chegar à perfeição para nos amarmos. Não! É preciso que seja a partir de hoje, de AGORA! Amar-se com todos os seus acertos e erros, com tudo que ainda falta melhorar e compreender. A cada erro, se abrace e não desista. É como se, ao amarmos a nós mesmos, fosse ligada uma chave no nosso interior que impulsionasse todas as possibilidades e saídas para quaisquer desafios. O amor-próprio faz com que ocorra um efeito imediato: a primeira peça move as próximas, impulsionando o movimento da vida.

Se me amo, autorizo o outro a me amar. É também um ato de gratidão porque, com o amor-próprio, confirmo a minha condição de merecedor de algo melhor, agradecendo o que já tenho e sou. É um ato de aceitação, afinal, porque honro todos os meus antepassados que proporcionaram a minha vida, permitindo que eu estivesse aqui, agora. Amando a si mesmo, você proclama que é merecedor de amor e respeito!

A partir do momento que se ama, mesmo imperfeito, você se abre para as transformações, porque é grato pelo que já construiu e pelo que sabe. Portanto, pode ser melhor, aprender qualquer habilidade, ser qualquer coisa que sonhar!

Se reconhece que há uma centelha divina dentro de você, se está consciente de que é divino, pode manifestar essa divindade sendo essa essência maior. Então, decida amar-se todos os dias, compreendendo-se imperfeito, mas movendo-se para a melhor versão de si mesmo.

COMO É ESSE EU RENOVADO?

É importante sentir como você quer ser. Com tal imagem bem-definida, você vai construindo essa nova pessoa, com os elementos que escolher, com as habilidades que quiser, sobre a base fundamental do **amor-próprio**, para que essa edificação seja bem-estruturada e sólida.

Uma coisa é certa: esse novo eu tem **compaixão**. Só ao desenvolvermos compaixão pelos nossos cuidadores é que conseguiremos perdoar, porque, afinal, eles também foram crianças, também sofreram (talvez até mais do que nós) e replicaram os padrões que receberam, repetindo os comportamentos, da mesma maneira que nós fizemos. Eles são a evolução dos pais deles, assim como nós somos a evolução dos nossos pais, subindo um degrau na escala evolutiva. E o nosso novo eu tem compaixão por nós mesmos, por entender que passamos pelo mesmo processo.

Para que esse eu renovado nasça, é preciso colocar objetivos e metas de como você quer ser, do que quer aprender e do que deseja fazer de diferente. Pergunte-se: *Como eu quero ser em relação aos meus filhos, no trabalho, com o meu cônjuge, com os meus pais? O que eu quero mudar de fato?* Crie uma imagem disso tudo também. Esse novo eu é **consciente** e, para ser essa nova pessoa, é preciso refletir sobre algumas questões.

- Por que você acredita que está sempre certo? O que o faz pensar dessa maneira? Qual é a origem desse padrão de comportamento? Os seus pais eram assim?
- Você quer estar certo ou ser feliz? Percebe que só querer estar certo não traz felicidade?
- Quando vai pedir perdão ou perdoar alguém, espera que o outro mude?
- Quais são os comportamentos dos seus pais que podem ser reconhecidos em você? Quais você deseja mudar?
- Você sente que é muito desconfiado, medroso, inseguro, prepotente, procrastinador ou agressivo? Quais traços da sua personalidade não o agradam? De onde vêm esses comportamentos? Do seu pai, da sua mãe ou de outro cuidador? Ou os seus pais eram tão bons que você sente não chegar nem aos pés deles?
- O que incomoda você no seu presente?
- Você é alguém que se entregou para a vida e sente alegria?
- Quais seriam os novos comportamentos que deseja incorporar à sua nova vida?
- Você está usando Deus como bengala? (O que percebo é que, quando não usam a própria força para aprender, as pessoas acabam culpando Deus ou a espiritualidade para justificar a sua história.)

- Quem pode ajudá-lo nessa jornada de autoconhecimento, sem estabelecer com você uma relação de dependência, podendo lhe mostrar o caminho e, acima de tudo, demonstrando que você precisa andar com os seus próprios pés?

E agora? Você continuará fazendo a mesma coisa de sempre, agindo e vivendo da mesma maneira ou realmente mudará? Chegou até esta página, leu todo esse conhecimento e continuará jogando o mesmo jogo, colhendo os mesmos resultados? Você quer o melhor para você? Você escolheu ser feliz, não é? Decidiu pelo autoconhecimento e disse que está com uma grande vontade de mudar, certo? Se agir da mesma forma, continuará obtendo os mesmos resultados. Não há nenhuma surpresa nisso!

Mudar exige fazer diferente. E perguntar-se sempre: *Como eu posso ser melhor? Como eu posso mudar? Como eu posso aprender a ser diferente? O que tenho que fazer? Qual é o próximo passo?*

ESCOLHA O CAMINHO DO BEM

Eu acredito que existem sempre dois caminhos, porque vivemos em uma realidade regida pela dualidade. Há sempre duas opções dentro de nós, e agora você tem o poder de escolha. Então, quando sabemos que somos amor, escolhemos o caminho do bem, porque esse é o caminho da paz.

Lembro que, no começo, eu me perguntava: *Qual é o meu propósito? Qual é a minha missão?* Às vezes, não encontramos facilmente o nosso objetivo de vida e o buscamos em todos os lugares. Quando percebemos que existem coisas na vida que nos fizeram mudar, que conseguimos impactar o outro – fazendo com que tenha esperança, ajudando-o a entender que pode ser melhor em algum ponto, que é possível modificar um comportamento, sentir outras possibilidades de existência –, tudo passa a ter outro sabor!

Muitas vezes, a pessoa fica esperando o outro falar, como se aguardasse uma autorização para conseguir ver um caminho diferente do que ela está trilhando. Porque ela não acredita que pode. E isso talvez esteja gravado em você também; pode ser que carregue uma culpa, advinda de uma crença de não merecimento. Como você já sabe, fui uma criança,

Eu renovado **153**

de certa maneira, bem triste e chorona, mas tive uma mãe positiva e um pai determinado e detalhista. Claro, não podemos nos esquecer da minha imaginação brilhante, repleta de vacas coloridas voando e passarinhos cantando. O que eu não sabia era que a minha dor, com tudo o que aconteceu na minha família, e a dor da minha mãe, de nunca ter voltado com o meu pai (acredito que ela o tenha esperado por pelo menos uns quinze anos), eram culpa, que vivia dentro de nós. Eu carregava a minha para todos os lados, e talvez até por isso tenha escolhido a separação como tema para a monografia. Mas nem sempre essa culpa é consciente, e precisamos buscar dentro de nós como solucioná-la. Temos as ferramentas para isso agora.

Em meio a algumas dinâmicas, na época em que decidi encontrar a chave da minha vida, eu me lembro de uma vez que, entre lágrimas, eu falava: "Mãe, eu deveria ter feito mais por vocês!". Mas o que não contei era que, de certo modo, aquela separação foi um alívio para as surras e os medos que sentia, apesar de o meu pai ainda estar presente nas nossas vidas. Mesmo assim, lembra que atenção negativa é melhor do que atenção nenhuma? Por isso, paralelamente, sonhei muito com ele voltando para casa.

Depois de algum tempo, fiz outras análises, meditações e dinâmicas, e percebi o quanto carregava essa culpa, quanto me ressentia dos meus pais pela maneira como lidaram com essa situação, em relação a mim. A cura só veio quando entendi que eles eram o que podiam e davam o que tinham para dar, então os perdoei.

Como contei, hoje em dia, cada abraço e conversa faz eu me sentir grata pela vida e por poder viver o extraordinário que faz parte do meu presente. Poder viver sem culpa é uma verdadeira paz! A emoção, depois disso, é inominável. Só quem se libertou de alguma culpa sabe do que estou falando. Obrigada, sinceramente, por ler estas palavras e me fazer lembrar do meu crescimento pessoal.

Compartilho aqui algo que levo para a vida e pode inspirá-lo: um trecho de *A filosofia do sucesso*,[48] de Napoleon Hill:

---

[48] HILL, N. **A filosofia do sucesso**. Porto Alegre: Citadel, 2023.

Se você pensa que é um derrotado,
você será derrotado.
Se não pensar "quero a qualquer custo",
não conseguirá nada.
Mesmo que queira vencer, mas pensa que
não vai conseguir,
a vitória não sorrirá para você.
Se você fizer as coisas pela metade,
você será um fracassado.
Nós descobrimos neste mundo
que o sucesso começa pela intenção da gente
e tudo se determina pelo nosso espírito.
Se você pensa que é um malogrado,
você se torna como tal.
Se você almeja atingir uma posição mais elevada,
deve, antes de obter a vitória,
dotar-se da convicção de que conseguirá infalivelmente.
A luta pela vida nem sempre é vantajosa
aos fortes, nem aos espertos.
Mais cedo ou mais tarde,
quem cativa a vitória é aquele que crê plenamente:
"EU CONSEGUIREI".

Acredito por completo nesse mecanismo e metodologia, que levo como missão de vida, considerando o que aconteceu comigo. Hoje eu entendo totalmente. Só que existe algo além de mim. Não sei se você acredita ou não, mas quando eu estou, por exemplo, dando um curso ou fazendo uma palestra, sinto algo além, como se uma energia tomasse conta de mim. Sinto uma luz. Sei que sou eu ali, mas vejo que acesso algo maior, bem maior que eu mesma. Então, estou certa de que essa é a minha missão de vida. Não são somente cursos e eventos. É mais que isso! Transformar vidas é ser um instrumento; é acreditar na mudança, pois por toda a minha vida vi várias transformações! E a base de tudo é a escolha do caminho do bem, é optar pelo lado que já nasceu com você, o lado do amor.

Escolher o caminho do bem é seguir a sua essência, é ter amor-próprio e altruísmo (olhar e cuidar do outro como você olharia e cuidaria de você mesmo). Também é entender quem você é e enxergar os comportamentos que vem repetindo, deixar isso no passado e olhar para quais você precisa ter. Será necessário passar por tudo isso durante o processo que este livro propõe. Você precisa se amar, se perdoar, entender os seus comportamentos, ter consciência de quem você foi e por que ainda não é quem você quer ser. Precisa perceber, finalmente, que você não está fadado a ser a mesma pessoa que já foi um dia, só porque aprendeu a ser daquele jeito. Agora, a partir do eu renovado, você sabe que pode ter outros comportamentos, pois aprendeu a ser a sua melhor versão.

Talvez você me pergunte: "Rosana, como faço para encontrar esse novo eu dentro de mim?".

Para optar pelo seu eu renovado, saia de casa pensando: *Como posso me transformar com o que aprendi com este livro?* Pois agora você já sabe que o poder da transformação está em você mesmo. Comece a pensar positivo sobre o futuro, estabeleça metas e objetivos alcançáveis, no curto prazo, evite pessoas que sempre reclamam, pois o excesso de reclamações traz crenças de que somos vítimas da vida. Acredite no impossível, no longo prazo, e afaste-se das pessoas que não creem no seu potencial. Existe um espaço só seu neste mundo, e ninguém pode ter acesso a ele, mas você precisa querer, ter vontade e agir, para que isso seja seu. As coisas podem acontecer no seu tempo. Encha-se de motivação para lutar pelos seus objetivos. Além disso, você precisa direcionar a energia da mente para o alvo, para aquilo que quer que aconteça. Fique atento às oportunidades; nem sempre elas aparecem em um formato tradicional. Abra os olhos, pois a Lei da Atração pode estar atuando na sua vida e você ainda não percebeu.

LEI DA ATRAÇÃO

A Lei da Atração foi muito banalizada, chegou a ser motivo de chacota, mas acredite nessa técnica que se utiliza da crença de que a mente e o Universo estão conectados por meio da força dos pensamentos. Acredita-se que os pensamentos emitem ondas de energias que chamam ou repelem determinadas vibrações. Por essa razão é tão famoso o conselho de "pensar em coisas boas"; de acordo com a Lei da Atração, os semelhantes atraem uns aos outros, então as chances de atrair a positividade são maiores quando a mente vibra na mesma intensidade.

Acredito que não damos o devido valor a essa lei e, de alguma maneira, deixamos de validá-la, mas fato é que ela não funciona sozinha, é preciso mais. Por isso, entreguei a você a chave para uma vida com mais liberdade e sem limites. É necessário chegar até aqui e querer ser melhor, entender a sua história e principalmente saber quem você foi, quem você está sendo e quem você quer ser.

A Lei da Atração sugere que, se você focar o que deseja, é possível que o Universo o ajude a tornar isso realidade. Sim, é possível!

MEDITAÇÃO: LEI DA ATRAÇÃO II

A fim de ajudá-lo a sentir essa possibilidade, vamos fazer uma meditação juntos, para que o poder da mente se manifeste no sentido de concretizar o que você quiser. Confie na sua força interior e viva mais feliz! Acesse o QR code a seguir ou digite o link no seu navegador.

https://rosanadecleva.com.br/conteudosextras

DICAS PARA O NOVO EU

A seguir, você encontra algumas recomendações para criar o seu novo eu e transformar-se completamente.

1. PROGRAME A SUA MENTE

Por vezes, estamos inclinados a pensar de uma maneira mais negativa, focando o lado ruim das coisas, assim como vimos nas nossas programações e crenças (os gravados negativos). Se você também age assim, programe a sua mente para uma nova realidade. Lembre-se de um momento em que estava feliz e traga para a sua mente essas cenas, que podem ser coisas simples, como uma frase ou um ato. Pense em cada detalhe do que aconteceu. Quando perceber pensamentos mais negativos, leve a sua mente para esse momento de felicidade ou escute uma música de que você gosta. O exercício o deixará com uma energia positiva, para lidar melhor com os desafios do dia a dia.

2. ENTENDA SEUS SENTIMENTOS

Você não está feliz com alguma coisa? Tente perceber como a sua programação influencia o seu estado. É preciso equilibrar a emoção com a razão. Portanto, antes de se deixar levar pelo fluxo de pensamentos negativos, verifique o tamanho real dos seus problemas, até porque, às vezes, fazemos tempestade em copo de água. A mente pode enganar, aumentando ou diminuindo a intensidade das circunstâncias. Assim, ouça os pensamentos, procure entender os sentimentos e depois coloque a razão na frente, para chegar a uma solução prática. Permita-se sofrer, mas por tempo limitado. Não deixe aquele sentimento acabar com o seu dia. Dê todo apoio a você mesmo e encoraje o que desejava quando era criança.

3. NUNCA SE COLOQUE EM SEGUNDO LUGAR

Pare de sentir pena de você. Encare os problemas com determinação e aceite qualquer mudança que vier. Para utilizar a Lei da Atração, é preciso entender que a mente é uma grande fonte de poder. Dessa forma, antes de mentalizar um desejo, observe a imagem que você transmite de si mesmo. Não se coloque em segundo lugar. Em vez disso, valorize cada aspecto seu, mesmo aqueles que já não são mais seus a partir de hoje, mas fizeram parte da sua história, porque são eles que atrairão toda a energia positiva que você merece. Faça algo para o seu prazer, invista no seu bem-estar e no seu autoconhecimento, busque novos horizontes e comportamentos, mude a sua história. O começo é sempre desafiador, mas, após o primeiro passo, nada poderá pará-lo! Troque algum móvel de lugar e estabeleça algo novo a partir de agora.

4. CUIDADO COM AS ARMADILHAS DOS PENSAMENTOS NEGATIVOS

O pensamento negativo faz com que algumas partes do cérebro não funcionem como deveriam, impedindo que a alegria e o amor fluam naturalmente. Mesmo que tudo pareça emperrado, mantenha a atitude positiva. Agindo assim, poderá gerar a transformação que você deseja. As provações são necessárias para a evolução do ser. Muitas pessoas ficam presas nas armadilhas, porque não acreditam que podem vencê-las ou não têm esperanças de que há algo melhor pela frente. Aprenda a dizer afirmações positivas para você e a sua família. Cuidado com os ensinamentos religiosos: se eles lhe dizem que você não é bom o bastante, elimine-os. Precisamos entender o motivo pelo qual esses pensamentos negativos ainda estão aí com você. Não precisamos ser superpessoas. Se este livro não foi o suficiente, peça ajuda e tente outras alternativas, mas não fique parado!

5. COLOQUE O SEU SONHO NO AMBIENTE

Faça recortes de revistas ou jornais, ou pesquise na internet imagens que possam compor o seu mural dos sonhos! O meu é um mapa; conforme viajo a alguns países, vou raspando e visualizando aonde quero ir, pois sonho em conhecer o mundo, ensinando e aprendendo. Coloque o mural em um lugar visível da sua casa e, sempre que passar por ele, pense que aquilo já é seu. Projete boas energias nos seus objetivos e sinta essa boa vibração retornar até você.

6. SEJA PRECISO NO QUE VOCÊ DESEJA

Escreva, a seguir, tudo o que você deseja para sua vida e os motivos. Por exemplo: se quer um aumento, escreva na primeira pessoa, como se já o tivesse recebido: "Com esse aumento de 20% que acabo de receber, vou me programar para viajar à Grécia com a minha família no próximo ano". Você pode completar a lista conforme novos desejos forem surgindo. Contudo, cada intenção deve vir acompanhada de uma explicação. Assim, saberá se o seu sonho é verdadeiro, isto é, que será bom para você. Reflita antes de pedir para o Universo.

É permitido sonhar acordado. Imagine que todos os seus objetivos já são realidade e que a sua vida é exatamente como gostaria que fosse. Sinta a felicidade que isso traz. Coloque em prática o seu desejo, porque a sua AÇÃO é a manifestação do Universo. Por exemplo, se você quer mais prosperidade, mentalize o objetivo e comece um plano para conquistá-lo. Depois, antes de dormir, pense em tudo que você fez para realizar o seu sonho e mentalize que o sucesso já está garantido. Repita todas as noites esse processo e muito em breve conquistará o que deseja.

Tudo neste mundo tem o seu tempo, cada coisa tem a sua ocasião. Reflita sobre esta frase escrita no livro mais lido do mundo, a Bíblia:

> *Para tudo há um tempo, para cada coisa há um momento debaixo do céu: tempo de nascer e tempo de morrer; tempo de plantar e tempo de arrancar o que se plantou. Tempo de matar e tempo de curar; tempo de demolir e tempo de construir. Tempo de chorar e tempo de rir; tempo de gemer e tempo de dançar. Tempo de atirar pedras e tempo de ajuntá-las; tempo de abraçar e tempo de apartar-se. Tempo de procurar e tempo de perder; tempo de guardar e tempo de jogar fora. Tempo de rasgar e tempo de costurar; tempo de calar e tempo de falar. Tempo de amar e tempo de odiar; tempo de guerra e tempo de paz.[49]*

---

[49] BÍBLIA. Português. **Bíblia Ave Maria On-line**. Editora Ave Maria. Disponível em: https://www.bibliacatolica.com.br/biblia-ave-maria/eclesiastes/3/. Acesso em: 2 out. 2024.

Sim, tudo tem o seu tempo, mas não seria melhor se passássemos positivamente por todo esse tempo, com uma mentalidade de abundância?

Sou psicóloga, mas fui empresária e comerciante. Também fui adolescente, rebelde, como você já sabe. Conheci mais de cinquenta países, aprendi a falar inglês na marra, depois dos 30 anos, e compartilhei algumas dessas experiências neste livro. E o maior aprendizado que trago é que você tem a chave da sua vida; tudo o que acontece é seu. Você é responsável pelo que sente e pelos seus comportamentos. Quando morei na Malásia, as pessoas me olhavam com pena, pois na maioria das vezes eu estava com as crianças (dois bebês, na época) e sem o meu marido. Elas perguntavam: "*Are you OK without your husband?*" [Você está bem sem o seu marido?]. O que elas não sabiam era que eu estava pulando de alegria, por estar em um país maravilhoso, morando em um lugar com vista para o mar, ao lado de uma reserva linda, cheia de macacos e pássaros, que eu contemplava toda manhã quando abria a janela para olhar o céu azul encantador (coisa que eu não via quando, anos antes, vivi na China), por poder conhecer outra cultura, por ver o meu marido feliz no emprego (na época, ele trabalhava trinta dias e folgava outros trinta), e por poder estar com os meus filhos e viver toda essa experiência enriquecedora.

7. TUDO QUE TEMOS É O AGORA

O hoje é chamado de presente porque é justamente isso: um grande PRESENTE do Universo. Fiz uma tatuagem com a frase "*All we have is now*" [Tudo que temos é o agora] logo que me mudei da Malásia para o Brasil, e aquele momento foi tão rico e me trouxe tantas experiências incríveis, que não poderia deixar de marcar esse momento na pele. Não resista ao momento presente; esteja ali e procure viver com entusiasmo.

Um exemplo prático seria: quantas vezes você se pegou pensando em uma discussão, revivendo-a, ou até mesmo se preocupando com algo que ainda nem aconteceu? Esses pensamentos não apenas roubam a sua paz, mas também o afastam do que está acontecendo agora.

Imagina se eu me lamentasse pelos desafios da maternidade! Eu não teria vivido nem a metade do processo! Não estou dizendo que não foi desafiador, mas que eu não colocava tanta atenção nesses desafios, ainda que tenha sido a experiência mais intensa da minha vida. Quando nos concentramos no presente, nos libertamos das ilusões do tempo e do sofrimento pelo qual passamos ou receamos passar.

Na Malásia, aprendi a dirigir na mão inglesa. Os meus filhos estudavam em uma escola de Pedagogia Waldorf, que recomendo, pois eles cresceram com uma inteligência emocional invejável. Conheci pessoas de muitos lugares do mundo, morei em um edifício incrivelmente moderno, além de ter vista para a praia! Fui para lá porque os meus filhos ficavam sempre doentes com a poluição da China, antes da pandemia da covid-19. Eu estava com dois bebês, e o meu marido só vinha a cada trinta dias para casa, por causa do trabalho.

O meu gravado em relação a tudo isso é: "Tudo o que me acontece é meu. Como posso aprender com isso?". Aceite o agora. Se você está em uma fila enorme, em vez de se irritar, leia algumas páginas do seu livro ou as notícias do mundo, ouça a sua música favorita, aceite essa situação e apenas reconheça a realidade do momento.

Se você puder assumir a sua escuridão, certamente encontrará a sua luz. Se puder assumir todo o seu medo, assumirá também a sua capacidade de amar, porque o oposto do medo é o amor. É o medo que confronta o amor e nos afasta dele, é o medo que nos proíbe, que impede o movimento e nos faz fracassar.

Tudo é nosso. O que a nossa consciência nos dá é a capacidade de escolha.

No momento de crise, o que pode ajudá-lo é entender o que desencadeia o seu medo e/ou a sua insegurança, pois, quando conseguir acessar esse lugar, você se conectará também à capacidade de amar e se abraçar. Sim, porque no amor moram a segurança e a criatividade, juntamente com a capacidade de enfrentar e ter resiliência e, com passividade, gerenciar a própria liderança.

Eu só chego a tal entendimento se tenho consciência do que sou, com todo o bem e todo o mal que me compõem, sendo isso o resultado e a consequência da totalidade do que aprendi na infância. Aprendi muitos comportamentos negativos e uma porção de positivos. A soma de tudo isso sou eu, e eu escolho o bem.

Eu espero que você não escolha o medo, mas, se escolher, está tudo bem. Não está errado. É só uma escolha. Porém, eu desejo, do fundo do coração, que você tenha muita insatisfação para chegar no seu muito amor!

MEDITAÇÃO: NOVO EU

O novo eu começa a ser construído na sua mente e na sua visão de como ele será. Gostaria de convidá-lo a uma meditação guiada, para ajudá-lo a tornar isso realidade. Acesse o QR code a seguir ou digite o link no seu navegador.

https://rosanadecleva.com.br/conteudosextras

AUTOLIDERANÇA E AUTORRESPONSABILIDADE

Você pode administrar aquilo que você pensa e sente. A autoliderança e a autorresponsabilidade o farão eliminar o "eu não consigo" ou "eu não dou conta", porque tudo isso é mentira. Eu consigo, você consegue, qualquer pessoa consegue! Só é preciso querer e decidir liderar e ser responsável pela sua própria vida. Talvez esse processo de passar para o banco do motorista e ser esse líder demore um tempo maior para algumas pessoas, mas lembre-se: precisamos caminhar passo a passo!

Se você realmente sentir que é isso que quer, dá para fazer. Se outras pessoas fizeram, é possível tornar real. Você só precisa querer e começar devagar, no seu ritmo, aprendendo sempre e seguindo em frente.

Existe um provérbio chinês que diz assim: "Limitações são fronteiras criadas pela nossa mente". É importante que você comece a escolher viver a partir da sua essência. Pergunte-se sempre: *Eu estou vendo a importância do amor na minha vida? Como me comprometo a amar a mim mesmo e os outros?* Escolha os seus comportamentos, e logo isso se tornará você. O amor agirá nas suas camadas mais profundas e provocará as transformações necessárias no seu eu.

Serão perceptíveis as mudanças quando você tomar para si a liderança da sua existência, colocando-se como o maior responsável por tudo que acontece. Pare de culpar os outros pelas adversidades e coloque-se na posição de aprendiz, questionando-se: *O que posso aprender com essa situação? Como posso reverter essa condição? Qual é a lição presente no desafio que estou vivendo? O que falta reconhecer ou entender?* As respostas virão. É só estar aberto para sentir e ouvir.

MAPA DO NOVO EU

É fundamental estabelecermos um compromisso pessoal, definindo como será esse novo eu, por meio de um mapa mental. É muito importante deixar claro que esse trabalho não se concretiza lá no futuro, mas HOJE, com a sua AÇÃO a cada dia, sempre que você percebe que pode ser um pouco melhor. Lembre-se: passo a passo, um pé e depois outro. E cada pequeno progresso, por menor que pareça, conta muito e deve ser celebrado!

Então, é preciso se comprometer com você mesmo e deixar isso registrado. Ou até fixado no seu espelho, para que você se lembre da sua meta diariamente. Como exemplo, compartilho o meu compromisso pessoal: "O meu compromisso comigo mesma é viver com intensidade e estado de presença. Eu sou uma mãe amorosa, paciente e presente. Eu sou uma esposa dedicada e carinhosa. Eu sou a melhor profissional na minha área. Eu sou uma escritora consciente da minha responsabilidade diante das pessoas que compartilharão o conhecimento que adquiri até aqui. A cada dia, procuro sentir mais e entender como posso ser melhor, em todas as áreas da vida e com todas as pessoas que encontro no caminho. Estou sempre aberta a novos aprendizados, seja de quem for!".

Sugiro que agora estabeleça um compromisso com você mesmo e registre-o.

O MEU COMPROMISSO COMIGO MESMO É:

Aqui fechamos o quarto passo do Método Decleva, caminhando para a conclusão e a celebração da nova jornada de evolução. Vamos em frente, sempre juntos!

CAPÍTULO 9:

CRIANDO MÚSCULOS

Quando colocamos em prática todas as ferramentas reunidas neste livro, os limites que estabelecemos ficam mais claros e não precisamos nos sobrecarregar se não quisermos. Desenvolvemos empatia quando percebemos que o outro nada mais é que o nosso reflexo. Quando conseguimos identificar que estamos em transferência e somos fruto dos padrões de comportamento da infância, as coisas se tornam mais evidentes, e passamos a olhar para nós mesmos mais de perto e a praticar o autocuidado, podendo encontrar um equilíbrio entre trabalho e vida pessoal.

Afinal, enfrentar desafios pessoais é normal, mas, para que possamos ter uma mudança real, precisamos estar cientes de como estamos reagindo e nos sentindo.

Tive muitos momentos de renovação do eu durante a minha trajetória. Analisando a linha do tempo, vejo que alguns pilares de desenvolvimento pessoal foram importantes para a minha transformação.

O primeiro pilar foi o meu tio, que me apresentou aquele vídeo da palestra do Roberto Shinyashiki, quando eu tinha 10 anos, o qual me deu muita esperança de ter uma vida feliz. Os meus pais, apesar de tudo, sempre me colocavam na companhia de gente do bem: quando me levavam à igreja, quando me trocaram de escola ou quando me conectaram a outras pessoas próximas, que fizeram a diferença.

Lembro-me da Rosângela, uma moça que cuidava de casa e ficava comigo às vezes; era extremamente amorosa, atenciosa, acolhedora e tinha um coração enorme. Ela foi uma segunda mãe para mim e o meu segundo pilar de autodesenvolvimento.

O terceiro pilar de influência veio da terapeuta, que me proporcionou um suporte para o meu renascimento.

Parece tão pouco, aos olhos externos, mas talvez, sem esses três pilares, eu não tivesse dado conta da vida. Eles foram a minha base para eu ser quem eu vim para ser neste mundo.

Hoje, sei que tudo que aconteceu me transformou em quem sou hoje. Se os meus pais e todas as pessoas do meu convívio, que fizeram parte da minha formação, não tivessem sido quem foram, eu não seria quem sou. Porque, para conseguir gerenciar isso tudo, tive que criar muito músculo – mental, psicológico, até físico. Tive que estudar demais e processar muitas emoções!

Não sei se você sabe, mas para construir músculos é preciso primeiro treinar com alto grau de esforço e fadiga, com exercícios de maior intensidade, que provocam microlesões nos tecidos musculares. O ganho muscular acontece depois da recuperação dessas lesões, no decorrer do treinamento.[50] É como se tivéssemos que romper com o que está ali para ganhar saúde e força. Apesar do intenso esforço, o resultado é bom, pois são músculos que o ajudarão a ter autonomia e independência, criando um apoio dentro, não fora! Exatamente como acontece na vida! (Interessante que isso me fez lembrar que me aventurei em ser fisiculturista, em uma única ocasião, e vivi esse processo na pele, tanto no físico como no emocional.)

As adversidades me trouxeram resiliência, força e fibra. Lembre-se de que a dor está em você para ensinar algo. Isso elimina as ilusões e revela o seu verdadeiro eu, além de mostrar o que precisa ser curado. Se você não enfrentar isso, terá uma vida confusa, sempre correndo atrás de si mesmo. Aprendi a falar e apresentar as minhas ideias e fui vencendo os meus conflitos internos à medida que abria o coração. Sou resultado dessa complexa equação! Só que, para chegar a esse resultado, tive que acessar a minha vulnerabilidade. Não dava para viver como antes, sentindo mágoa apenas ao chegar perto de alguém.

---

[50] BERNARDES, J. Lesão no treino físico não leva a aumento de massa muscular. **Jornal da USP**, 1 nov. 2018. Disponível em: https://jornal.usp.br/ciencias/ciencias-biologicas/lesao-no-treino-fisico-nao-leva-a-aumento-de-massa-muscular/. Acesso em: 19 set. 2024.

Tenho uma certeza: o que me acontece é meu e decido o que fazer com isso. E lhe pergunto: o que você tem feito com o que fizeram de você?

Os meus pais foram o que podiam ser, e eu escolho para onde olhar e aonde quero chegar. E é claro que, se não tivesse passado por tudo isso, não seria exatamente como sou. Não seria a Rosana, psicóloga, escritora, e talvez nem tivesse descoberto a minha missão.

O que as pessoas não sabem é que, para encontrar paz e base, precisam entrar na vulnerabilidade, olhar para a história e perdoar, valorizar o quanto ela foi importante e positiva também. Os meus pais manifestaram coisas positivas, e é isso que desejo mostrar, para que você também olhe para a sua casa de infância, perceba os seus pais e todas as características que compuseram a sua individualidade.

Quando olho para a minha mãe e noto como ela é boa para as pessoas, vejo que reproduzo esse modelo. E não posso deixar de falar da gana de vencer, da determinação e do foco do meu pai.

Eu aprendi muitas coisas boas, muitas mesmo! Contudo, essas coisas boas não costumam ser vistas; as pessoas não as enxergam porque optam pela dor. E é muito mais fácil o cérebro levá-lo para o negativo do que para o positivo, por isso você tem dificuldade de perceber que há outro lado, dando-se conta, algum dia, de que a sua vida não anda, porque você nem sabe quem é de verdade. Talvez porque seja uma pessoa negativa. Só que, por outro lado, deve ver que conseguiu chegar até aqui, está buscando se aprimorar e ser cada vez melhor. Você construiu uma existência, com todos os elementos que estavam disponíveis e outros que agregou ao seu eu. E por estar aqui, nestas páginas, fica claro que já se deu conta de que também pode desenvolver outras características e habilidades.

É preciso ficar atento às oportunidades diárias. Acredite, elas sempre aparecem. Basta ter olhos para ver!

A maneira como enxergamos o mundo é a nossa passagem para uma verdadeira transformação. Quando a mente está tomada por emoções negativas, como medo, agressividade, tristeza e inveja, criamos um ambiente interno nocivo para a saúde mental e física.

Uma mente maldosa, que olha os outros com maldade, vibra na negatividade em vez de buscar a bondade e a empatia.

Uma mente medrosa provoca pânico, paranoia e mais medo, porque o medo imaginado acaba se tornando uma realidade na mente e nos faz enxergar ameaças em todos os lugares, mesmo onde não existem.

Uma mente preocupada estimula mais preocupações e acaba canalizando a energia mental para um futuro que ainda não aconteceu, e que pode nem acontecer, o que nos impede de viver o presente e pode acarretar uma ansiedade constante.

Uma mente agressiva faz surgir a violência, incitando mensagens de hostilidade para o mundo ao nosso redor, o que pode gerar uma resposta similar por parte dos outros, criando um ambiente de estresse e tensão.

Uma mente triste desequilibra o sistema imunológico, que, enfraquecido, nos deixa mais suscetíveis a infecções e doenças, formando um terreno fértil para vírus e bactérias. O pensamento negativo pode afetar a maneira como os outros nos enxergam, tornando-nos menos atraentes e menos propensos a interagir socialmente.

Uma mente invejosa foca aquilo que não temos, em vez de apreciar aquilo que conquistamos na vida; e assim ficamos insatisfeitos. Pode nos levar a agir com ganância e cobiça, prejudicando as nossas relações interpessoais.

Ao escolhermos mudar a forma de enxergar a vida e as pessoas, damos um grande passo em direção à felicidade e ao bem-estar. Afinal, a vida é uma escolha, e cabe a nós decidirmos como queremos viver e enxergar o mundo ao nosso redor.

Além de ser o órgão responsável por analisar e armazenar informações, o cérebro nos auxilia na interpretação do mundo. A qualidade dos pensamentos que cultivamos em relação a nós mesmos e aos outros deve ser um ponto de atenção, pois pode influenciar as emoções, os comportamentos e até mesmo a saúde física, nos permitindo viver ou não em harmonia com o Universo. Quando comecei a entender que não existe mundo externo e que o nosso mundo é essencialmente interno, tudo mudou. Quando me vi com mais amor, perdão e compaixão por aqueles que me deram a vida e me magoaram, comecei a traçar a minha jornada de maneira mais leve e adequada.

Quando desenvolvemos a habilidade de enxergar o bem em todas as coisas e pessoas, o nosso olhar se torna mais benevolente e positivo porque aceita a imperfeição, que é natural no mundo humano.

Criando músculos

Percebo que, quando chegamos ao ponto de agradecer e honrar tudo que todos fizeram, perdoá-los e entender pelo que passaram, a vida fica mais fácil, e criamos independência, libertando-nos do peso da desesperança e partindo de fato para a vida. Desatamos as correntes, soltamos as mochilas cheias de pedras e corremos, curtindo o vento, o sol, as aves que cantam lindamente, a cor diferente de uma pequena flor. É nesse dia que queremos chegar, e isso só depende de você querer e se mover nesse sentido, usando as ferramentas e o seu amor. A compaixão será o ponto de mudança porque você poderá olhar e ver que ninguém é perfeito, que todos só querem ser amados, assim como você e eu.

Espero que tenha encontrado nas páginas deste livro a chave da sua mente. Faço votos de que ele tenha sido uma fonte de inspiração e aprendizado, e estou ansiosa para me encontrar com você em alguma imersão de autodesenvolvimento, descobrir o seu desejo ardente em transformar vidas por meio da sua profissão, talvez conversar durante a formação Treinador do Futuro e ouvir que eu também fui um pilar importante da sua transformação. É o que eu mais desejo!

É PRECISO FICAR ATENTO ÀS OPORTUNIDADES DIÁRIAS. ACREDITE, ELAS SEMPRE APARECEM. BASTA TER OLHOS PARA VER!

A chave para uma vida sem limites
@psicologarosanadecleva

CAPÍTULO 10:

CELEBRE CADA RESPIRAÇÃO!

Quando percorrer toda essa metodologia, começará a acessar a sua essência, atraindo do Universo algo grande, maior que você mesmo; porque aquilo que emanamos, atraímos.

A transformação provocada pelos exercícios mostrará o quanto você está disposto a ser uma pessoa melhor, olhar para o mundo de outra maneira e viver um novo começo. Lembre-se, os maiores heróis da civilização encontraram o seu poder manifestando comportamentos diferentes dos da maioria e pregando o amor.

Viemos a este mundo para nos desenvolvermos. Jesus Cristo, uma grande mente que passou pela Terra (independentemente de religiões e crenças), sempre pregou o crescimento, não o sofrimento, então você precisa começar a entender que a evolução é o nosso objetivo final. Tome a decisão de ser positivo, aprender com tudo que acontece, e vamos agradecer à vida e a cada qualidade que temos, que nos foram passadas pelos nossos pais, que nos deram atenção e alimento do modo que podiam e que sabiam fazer, os quais nos serviram até aqui. Porém, devemos ter em mente que ninguém nos deve nada, pois viemos para este mundo sem nada e voltaremos à Fonte sem nada, levando somente o que aprendermos e a nossa evolução, superando medos e traumas e enfrentando os desafios necessários para chegar ao objetivo final.

Neste mundo, teremos abundância, pois ela já nos foi dada; e, para que isso seja manifestado no seu ser, os exercícios precisam ser feitos, e você precisa decidir ser feliz. Quando tomar essa decisão, lembre-se de optar pelo caminho do impossível, pois é nele que você chegará se fizer essa jornada. Assim, poderá desenvolver habilidades e descobrir um mundo diferente.

A vontade de desistir pode acontecer, e isso é normal, faz parte do seu gravado interno. E talvez, no começo, você sinta que é desafiador cumprir o que o livro pede, mas o Universo espera você para algo muito maior do que pode sonhar. Depois que fizer a sua parte, perceberá que nem era tão difícil assim!

Os nossos pensamentos negativos podem resultar em doenças físicas e mentais. Agora você já possui a chave para que isso não ocorra, portanto não se deixe enganar pela mente, pelas emoções ou pelos pensamentos. Não posso deixar de mencionar que sofri de amigdalite crônica e ansiedade, além de ter passado por vários episódios curtos de depressão; e tudo que mencionei neste livro me salvou.

Se não fosse desafiador, não seria valioso nem uma verdadeira transformação. Muitas vezes, o nosso gravado é tão forte que gostaríamos de voltar ao nosso "normal", mas lembre-se: sem um novo comportamento, tudo continuará igual, e queremos uma linda transformação, não é mesmo? Alguns especialistas falam que precisamos ter um comportamento por 66 dias para que ele se torne habitual,[51] portanto isso requer consistência e repetição. A verdade é que você é um herói, e herói não é aquele que tem superpoderes, mas aquele que suporta a vida com os elementos disponíveis, como a chave da sua vida, que você agora sabe como controlar. Você está crescendo lindamente e já está em outra frequência. Faça a sua parte, e o Universo responderá!

Agradeço sinceramente por ter se dedicado à leitura desta obra e se entregado de corpo e alma a essa experiência. Espero, um dia, ter a oportunidade de encontrá-lo e ouvir como estas páginas impactaram a sua existência. Isso é o que me inspira a transformar vidas por meio do autoconhecimento, que é a jornada de descobrir o seu verdadeiro potencial,

---

[51] RAMÍREZ, P. Bastam 66 dias para mudar um hábito. **El País**, 7 jul. 2015. Disponível em: https://brasil.elpais.com/brasil/2015/07/01/eps/1435765575_333302.html. Acesso em: 24 out. 2024.

encontrar a chave da sua vida e usá-la a seu favor. Desejo a você felicidade, saúde, sucesso e muita energia positiva.

A missão de transformar vidas vai além de profissionais, como Freud e Jung, ou os que se destacaram na área da saúde; trata-se de um propósito maior, que reside em cada ser humano. Todos nós temos o potencial de impactar a vida de alguém. Um simples gesto, como uma palavra encorajadora, um abraço sincero, um pedido de perdão ou até mesmo a recomendação de um livro, pode fazer toda diferença. E graças a você, leitor, que compreende essa missão e compartilha essa mensagem, conseguiremos espalhar essa transformação para o caminho do bem.

Gostaria de convidá-lo para ouvir a música "Só o começo", composta por Pedro Valença,[52] que faz parte do seu novo normal, para que possamos celebrar a sua transformação!

Conte comigo!

---

[52] SÓ O Começo - Vocal Livre | Vídeo Lyric. 2020. Vídeo (5min39s). Publicado pelo canal Vocal Livre. Disponível em: https://www.youtube.com/watch?v=XktoQTwHSK4. Acesso em: 17 set. 2024.

O UNIVERSO ESPERA VOCÊ PARA ALGO MUITO MAIOR DO QUE PODE SONHAR.

A chave para uma vida sem limites
@psicologarosanadecleva

Acesse para mais dicas de desenvolvimento pessoal:
 https://rosanadecleva.com.br/conteudosextras

Acompanhe os meus conteúdos:
 https://rosanadecleva.com.br/
 https://www.instagram.com/psicologarosanadecleva/

Este livro foi impresso
pela gráfica Assahi em papel
pólen bold 70 g/m²
em abril de 2025.